SCHWEIZ

Nord-, Zentral-, Ostschweiz

Herausgegeben von Editions Berlitz

Berlitz Trademark Reg. U.S. Patent Office and other countries –
Marca Registrada.

Printed in Switzerland by Weber SA, Bienne.

Vorwort

Dieses Buch, für den modernen Touristen geschrieben, bringt in gedrängter Form mit zahlreichen Farbabbildungen alles Wissenswerte über die deutschsprachige Schweiz. Es gehört zu der großen Reiseführer-Reihe, die Berlitz für die beliebtesten Feriengebiete der Welt herausgibt.

Genau wie unsere Sprachführer und unsere Wörterbücher ist es handlich im Format, und es bietet alles, was Sie von einem Reiseführer erwarten:

● Es liest sich leicht, und Sie finden sofort, was Sie interessiert: Was muß man sehen? Was kann man unternehmen? Wo kauft man ein? Was soll man essen?

● Ein zuverlässiges »A bis Z« am Ende des Bandes beantwortet alle praktischen Fragen. Dort finden Sie auch Hinweise auf Reiseweg und Reisezeit.

● Übersichtliche, farbige Karten und Pläne führen Sie zu den Hauptsehenswürdigkeiten.

Kurz, dieser kleine Führer wird Ihnen helfen, Ihren Aufenthalt in der Schweiz wirklich zu genießen. Denn er informiert Sie knapp und klar über alles, was Sie für Ihre Reise wissen sollten – von den unvergleichlichen Landschaften und Gletscherpanzern des Berner Oberlands und Graubündens bis zu gemütlichen großen und kleinen Städten wie Bern oder Solothurn, von der urchigen, aber subtilen Volkskunst bis zu einem der erstrangigen Kunstmuseen Europas in Basel.

Ihr Reisebüro berät Sie bei der Wahl des Hotels.

Ein Gäststättenführer sagt Ihnen, wo man gut ißt.

Berlitz aber hat die Antwort auf Ihre Frage: »Was unternehmen wir heute«?

Dokumentation: Margaret Studer und Brigitta Neumeister-Taroni
Fotografie: Daniel Vittet
Wir möchten hier besonders Fred Birmann und Peter Kuhn für ihre Hilfe bei der Vorbereitung dieses Buches danken. Unser Dank gilt ebenfalls der Schweizerischen Verkehrszentrale.

4 Kartografie: © 1978, Hallwag Ltd., Berne, Switzerland.

Inhalt

Pläne: Übersicht (10–11), Kantone und Sprachen (18), Zürich (23), Basel (37), Bern (51), Berner Oberland (57), Luzern (67), Graubünden (75)

Für Eilige: die wichtigsten Sehenswürdigkeiten
Haben Sie wenig Zeit, so suchen Sie in diesem Buch nur die fettgedruckten Namen und Angaben heraus, z. B. **Großmünster.** Außerordentliche Sehenswürdigkeiten sind überdies am Rande mit dem Berlitz-Symbol gekennzeichnet, z. B. **Schilthorn.**

Die Schweiz und die Schweizer

Die Schweiz läßt sich in mancher Hinsicht mit ihrem berühmtesten Exportartikel, der Armbanduhr, vergleichen. Sie ist klein, zuverlässig und schön. Mitten in Europa findet sich auf kleiner Fläche eine erstaunliche Vielfalt landschaftlicher Erscheinungsformen. Dazu gehören nicht nur die berühmten schneebedeckten Hochgebirgsgipfel und tiefblauen Seen, sondern auch Wildbäche und ruhig dahinziehende Flüsse, wellige Wiesen und tiefschwarze Wälder. Und das ganze Land ist bis hinauf in fast unzugängliche Bergtäler überzogen von mittelalterlichen und modernen Städten und Dörfern.

Die Verschiedenartigkeit der Reize liegt aber nicht nur in der landschaftlichen Vielfalt. So ist die Bevölkerung je zur Hälfte protestantisch und katholisch. In den 23 Kantonen mit über 3000 Gemeinden werden vier Sprachen gesprochen, die als offizielle Landessprachen gelten, nämlich Deutsch, Französisch, Italienisch und Rätoro-

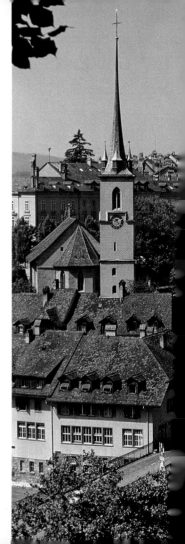

Europas gemütlichste Hauptstadt hat ein mittelalterliches Gesicht.

6

manisch. Durch die landschaftliche Gliederung, die natürliche Grenzen bot, haben sich selbst in kleineren Bevölkerungsgruppen und Gebieten eigenständige Traditionen und

kulturelle Strömungen entwickelt, die bis heute wirksam sind und die den Schweizern den Ruf eingetragen haben, sie setzten sich gegen jede Form von Gleichmacherei entschieden zur Wehr. So zeiht man sich gegenseitig gern und oft des »Kantönligeists«.

In der schweizerischen De-

Das sanfte Emmental entlockt vielen leicht ein Lächeln.

mokratie hat jeder Bürger ein direktes Mitspracherecht. Gesetzesvorlagen werden ihm, nachdem sie in den beiden Kammern des Parlaments, National- und Ständerat, beraten worden sind, zur Abstimmung vorgelegt. Eine Abstimmung kann zudem durch das Einreichen einer Initiative erreicht werden, die eine festgelegte Anzahl von Unterschriften für ein bestimmtes Anliegen enthält. Doch damit nicht genug. Wenn die Bürger innerhalb einer vorgeschriebenen Frist mit genügend Unterschriften das Referendum ergreifen, können sie gar ein bereits verabschiedetes Gesetz zu Fall bringen.

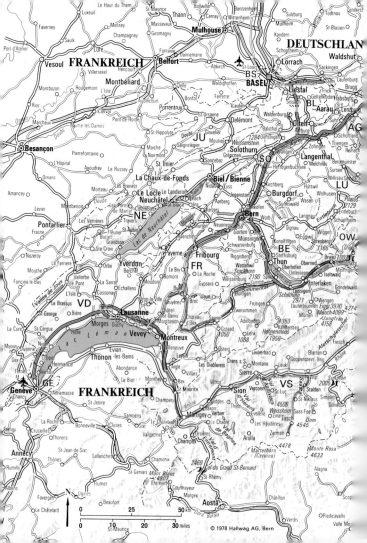

Mit einer Fläche von 41 288 km² ist die Schweiz rund sechsmal kleiner als die Bundesrepublik und etwa halb so groß wie Österreich. Die Zahl der Bevölkerung beträgt rund 6,3 Millionen, und da die Bergregionen des Landes weitgehend unbewohnbar sind, ist die Bevölkerungsdichte in den Städten und im Mittelland hoch.

Im vorliegenden Führer werden die Gebiete der deutschsprachigen Schweiz vorgestellt*, die »Wiege« der Eidgenossenschaft und für viele auch die Gegend, in der die typischsten Schweizer leben. Sie erstreckt sich vom wildromantischen, gebirgigen Graubünden mit den berühmten Wintersportorten, im Osten, über die Urkantone der Eidgenossenschaft rund um den Vierwaldstättersee in der Zentralschweiz durch landwirtschaftlich blühende Täler bis zu den vergletscherten Berner und Walliser Alpen; im Norden wechseln sanft hügelige Wiesen und Äcker mit industriell erschlossenen Gebieten bis zur Grenze an Bodensee und Rhein.

In jeder Gegend wird eine eigene Form des »Schwyzerdütsch« gesprochen, und oft fällt es selbst Schweizern

* Die französischsprachige Schweiz wird im Berlitz Reiseführer WEST-SCHWEIZ vorgestellt.

schwer, den Dialekt ihrer Landsleute zu verstehen. Natürlich werden den Bewohnern einzelner Gegenden auch bestimmte Wesensmerkmale zugesprochen. So sollen die Basler spitze Zungen haben, die Zürcher etwas arrogant, die Luzerner leicht stur, die Berner langsam und gemütlich sein.

Alle aber sind sie fleißig und gründlich. Da das Land über fast keine Rohstoffe verfügt, waren diese Eigenschaften für die Herstellung von Qualitätsprodukten nützlich und brachten auch Erfolg. Betrachtet man das Pro-Kopf-Einkommen, so gehört die Schweiz zu den reichsten Ländern der Welt. Die wichtigsten Ausfuhrartikel sind Uhren, Maschinen, chemische Produkte und Textilien, und »Swiss Made« gilt immer noch als Gütesiegel. Einen großen Anteil am wirtschaftlichen Wohlergehen und damit auch Einfluß auf die Politik haben die Schweizer Banken.

Nicht wegzudenken aus dem Bild der Schweiz sind die karabinerbewehrten Soldaten, die jedes Wochenende die Züge füllen. Jeder männliche Schweizer Bürger ist wehrpflichtig und muß nach einer mindestens vier Monate dauernden Ausbildung jedes Jahr drei Wochen »Dienst« leisten, nicht immer freilich zu seiner Freude.

In der Schweiz gibt es viel Sehenswertes zu besuchen, und es gehört zu den Vorzügen dieses Reiselandes, daß alle Ziele durch Bahnen und Straßen gut erschlossen sind. Doch die Schweizer zeigen sich von dem über 100 Jahre andauernden Fremdenstrom wenig beeindruckt. Auch wenn ganz Europa einmal zur City werden sollte, nur dieses Alpenland wird als Stadtpark in Betracht kommen.

Im Hochtal des Engadin hat sich eine eigene Kultur erhalten (Zuoz).

Man weiß, daß bereits vor etlichen tausend Jahren erste Bewohner in Höhlen außerhalb der von Gletschern bedeckten Gebiete als Sammler und Jäger lebten. Nachdem die Gletscher sich zurückgezogen hatten, wurden See- und Flußufer zum bevorzugten Siedlungsgebiet. Die hier errichteten Pfahlbauten boten Schutz vor Feuchtigkeit und wilden Tieren.

Um 400 v. Chr. wanderten die keltischen Helvetier ein, deren Name sich in der lateinischen Bezeichnung der Schweiz, Confoederatio Helvetica, auf Münzen, Briefmarken, als nationales Kraftwagenkennzeichen (CH) und als internationale Bezeichnung der Schweiz überhaupt erhalten hat.

Während die Ostschweiz bereits von den Rätern bewohnt war, siedelten die Helvetier sich zwischen Alpen und Bodensee an. Sie schienen jedoch ihre neue Heimat nicht besonders zu schätzen, brannten sie doch nur 300 Jahre später ihre Anwesen nieder, um weiterzuwandern. Schätzungsweise 380 000 Menschen sollen sich damals auf den Weg nach Südwesten gemacht haben. Doch Julius Caesar durchkreuzte ihre Pläne. Er besiegte sie bei Bibracte (58 v. Chr.) und

Geschichtlicher Überblick

Nur selten bestimmten in der Schweiz gekrönte Häupter oder ihre Günstlinge den Lauf der Geschichte. Ihr Schicksal hing vielmehr von Bauern, Kaufleuten und Reisläufern ab.

14

zwang sie, in die Schweiz zurückzukehren.

Fast 500 Jahre lang herrschte Frieden. In Helvetien ließen sich nur wenige Römer nieder, doch ihre Kultur verbreitete sich rasch. Neue Siedlungen und Kastelle entstanden, Theater, Thermen und Tempel wurden erbaut, sogar die Sprache der Eroberer aus dem Süden wurde übernommen.

Mit dem ersten Alemanneneinfall vom Norden her (um 260) begann eine unruhige Zeit. In den Wirren der Völkerwanderung brach das Weströmische Reich zusammen; die Schweiz geriet unter den Einfluß zweier verschiedener Kulturen, deren Trennungslinie bis heute erkennbar ist. Während die friedlichen Burgunder im Westen römische Sprache und Kultur festigten, eroberten

Erinnerungen an Gestern: der Berner Zwiebelmarkt und Murtens Mauern.

die Alemannen die nördlichen Gebiete. Sie waren nicht gewillt, ihre Kultur aufzugeben, sie lebten in Einzelgehöften und losen Siedlungen, behielten ihre Sprache und verbreiteten ihre Religion und ihre Bräuche. Zwei Besonderheiten der schweizerischen Demokratie, die Landsgemeinde (siehe S. 32) und das Referendum, haben ihre Wurzeln in der alemannischen Politik jener fernen Tage.

Bald kamen Burgunder und Alemannen unter die Herrschaft der Franken. Ihre Gebiete wurden Teil des Heiligen Römischen Reiches, das Karl der Große (768–814) aufbaute. Unter seiner Regierung fand das Christentum allgemeine Verbreitung, das von irischen Mönchen schon seit längerer Zeit gelehrt worden war. Die Klöster wurden zu kulturellen und geistigen Zentren, die bald auch politische Macht übernahmen.

Mit dem Ende der Dynastie der Karolinger (911) begann ein Jahrhunderte dauernder Machtkampf zwischen den Zähringern, Kyburgern und Habsburgern.

Dem raschen Aufstieg und

den Gebietserweiterungen der Habsburger setzten die Bewohner der Urkantone am Vierwaldstättersee harten Widerstand entgegen. 1291 verbündeten sich Uri, Schwyz und Unterwalden – der Sage nach auf der Rütliwiese – gegen den gemeinsamen Feind. Der Bund hatte Bestand. 1353 waren ihm bereits auch Luzern, Zürich, Glarus, Zug und Bern beigetreten. Etwas mehr als 150 Jahre später gehörten ihm 13 Kantone an.

Aus den vielen Schlachten, vor allem gegen die Habsburger, gingen die Eidgenossen gewöhnlich als Sieger hervor. Selbstbewußt protestierten sie gegen die Reichsreform Kaiser Maximilians I. und erhielten nach dem »Schwabenkrieg« (1499) die Reichsunabhängigkeit zugesprochen. Als erfolgreiche Militärmacht genossen sie in ganz Europa hohes Ansehen.

Eine Wende trat wenige Jahre später ein. Nach der Niederlage in der Schlacht bei Marignano (1515) gegen Franz I. von Frankreich gaben sie ihre Expansionspolitik auf und wandten sich dem Prinzip der Neutralität zu. Ihr Kampfesmut jedoch war noch immer begehrt, und so kam es, daß Schweizer Söldner als Reisläufer in fremden Heeren kämpf-

Politik wie vor Jahrhunderten betreibt die Landsgemeinde (Trogen).

17

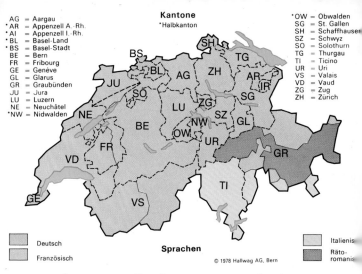

ten – oft genug gegen ihre eigenen Landsleute, die gerade beim Gegner in Diensten standen. Der »Handel« mit Söldnern brachte vielen führenden Familien großen Reichtum.

Bereits seit 1519 betrieb Huldrych Zwingli die Reform der Zürcher Kirche. Schlossen sich vor allem Nord- und Ostschweiz der Bewegung an, so traf sie in der Innerschweiz auf Ablehnung, und es kam zu den beiden Kappeler Kriegen (1529 und 1531). Beim zweiten siegte zwar die katholische Seite, doch die Einheit der 13 »Orte« blieb erhalten.

Während der Dreißigjährige **18** Krieg (1618–48) Europa ver-

wüstete, wurden innere Einheit, Neutralität und Grenzbewachung noch erstrebenswerter. Im Westfälischen Frieden von 1648 wurde die Unabhängigkeit der Schweiz anerkannt; einen Unterbruch erlitt sie, als Napoleons Revolutionsheere einmarschierten und die »Helvetische Einheitsrepublik« (1798) ausriefen. Doch der Wiener Kongreß stellte 1815 die alte Ordnung wieder her; schon im Jahr zuvor waren Wallis, Neuenburg und Genf als letzte dem nun 22 Kantone umfassenden Bund beigetreten.

Es blieb bei dieser Zahl bis 1978, als eine Volksentscheidung der Schweiz zwar keine Gebietserweiterung, wohl aber die Gründung des 23. Kantons (Jura) brachte.

1848 wurde die Bundesverfassung geschaffen, auf deren überarbeiteten Version von 1874 die schweizerische Demokratie bis heute beruht. Die Bundesverfassung legt nicht nur Grundrechte und -pflichten der Bürger fest, sondern regelt auch die Kompetenzverteilung zwischen Bund und Kantonen konsequent nach einem föderalistischen System.

Der wirtschaftliche Aufstieg im Industriezeitalter und damit die Erschließung des Landes durch Straßen, Eisenbahnen und andere Verbindungswege wurde kaum wesentlich gestört. Die Schweiz wurde auch in keinen der beiden Weltkriege direkt verwickelt.

Die Schweiz ist (noch) nicht Mitglied der UNO, jedoch Sitz oder Gründungsort mancher internationalen Organisation. Die bekannteste und wichtigste ist das Rote Kreuz, 1863 vom Genfer Henry Dunant angesichts des Elends nach der Schlacht bei Solferino ins Leben gerufen. Sie leistet unabhängig von politischen Aspekten den von Krieg und Katastrophen heimgesuchten Völkern aller Nationen humanitäre Hilfe.

Von Ort zu Ort

Zürich
(379 000 Einwohner)

Geschäftsleuten ist Zürich vor allem als Metropole der Hochfinanz und als Industriezentrum ein Begriff. Doch die größte Stadt der Schweiz ist auch ein abwechslungsreiches und angenehmes Urlaubsziel.

Die Zürcher sind sich der zwei Welten, in denen sie leben, bewußt. Da ist einerseits die Großstadt mit ausgezeichneten Restaurants, Museen, Theatern, Hotels und Geschäften und andererseits die verwinkelte Altstadt, in der das Festhalten an Traditionen überall sichtbar wird. Etwaige Hektik beschränkt sich denn auch auf die Hauptverkehrszeiten und die Geschäftsviertel.

Wer will, kann ihr rasch entfliehen. Zürich liegt am nördlichen Ende des 45 km langen Zürichsees, an dessen sanft ansteigenden Ufern sich Dorf an Dorf reiht; sie sind längst zu Vororten Zürichs geworden. Zählt man ihre Bewohner mit jenen der Stadt zusammen, ergibt sich die stolze Zahl von 700 000 Einwohnern für die Agglomeration Zürich. Die städtischen Parks am See sind leicht erreichbare Erholungsinseln mit prachtvollen Bäumen, Wiesen und romantischen Uferwegen.

Die Geschichte Zürichs begann auf dem Lindenhof, der höchsten Erhebung links des

Im Zürcher Großmünster predigte einst der Reformator Zwingli.

Flusses Limmat, dem heute schattigen Kleinpark für Mütter mit Kindern, müde Einkaufsbummler und Rentner. Hier richteten die Römer bereits im 1. Jh. eine Militärstation ein, die später zum Kastell ausgebaut wurde. Unter der Herrschaft der Alemannen geriet die Stadt an den Rand der

Geschichte, bis die Karolinger im 9. Jh. anstelle der Festung eine Pfalz errichteten, die 100 Jahre später zu einer mächtigen Burg ausgebaut wurde. Im 11. Jh. war die Handwerker- und Kaufleutesiedlung Ort mehrerer Reichstage; durch die Herstellung von Wolle und Leinen und den Handel mit

Seide und Textilien wuchs der Reichtum. Im 14. Jh. stürzte Rudolf Brun die bisherige Herrschaft der Ritter und Kaufleute, und die Handwerker, die sich zu einflußreichen Zünften zusammengeschlossen hatten, begannen sich an der Regierung zu beteiligen. Ihre Zunfthäuser gehören heute zu den schönsten Wahrzeichen Zürichs.

1351 trat Zürich dem eidgenössischen Bund bei und wurde immer mächtiger. Es war nicht nur wirtschaftliches und politisches Zentrum, sondern auch Heimat berühmter Gelehrter wie etwa Huldrych Zwinglis, des Reformators der deutschsprachigen Schweiz und Gegenspielers Luthers.

Großen Einfluß auf die Entwicklung der deutschen Literatur hatten im 18. Jh. die Zürcher Bodmer, Breitinger, Lavater, Gessner und Pestalozzi. In jüngerer Zeit wurde die eigene literarische Tradition fortgesetzt durch Gottfried Keller, C. F. Meyer, Adolf Muschg und Max Frisch, kulturell belebt auch von Georg Büchner, Wagner, C.G. Jung, James Joyce, Thomas Mann, Bert Brecht und Elias Canetti.

Die industrielle Revolution im 19. Jh. brachte entscheidende Neuerungen. In Zürich wurde die Bahnhofstraße angelegt, die Maschinenindustrie und das Bankenwesen entwickelten sich, und Eisenbahnlinien erleichterten die notwendigen Verbindungen.

Als kulturelles und wissenschaftliches Zentrum besitzt die Stadt die größte Universität des Landes, eine der führenden technischen Hochschulen der Welt, eine Kunstgewerbeschule und über 50 Galerien.

Spaziergang durch Zürich

Beginnen Sie Ihren Rundgang am Hauptbahnhof, und gehen Sie die weltberühmte, von Linden gesäumte **Bahnhofstraße** hinunter Richtung See. Kaum eine andere Straße spiegelt mit ihren Prachtfassaden aus alter und neuer Zeit, den Banken, Juwelierläden, Uhrengeschäften, vornehmen Mode- und anderen Boutiquen so vollkommen die Gründlichkeit und das Qualitätsstreben, die der Schweiz ihren Ruf eingetragen haben.

Die Bahnhofstraße endet am Bürkliplatz; von der linker Hand anschließenden Quaibrücke eröffnet sich der **Ausblick** über den See. Im Winter werden hier, ungeachtet des Verkehrs, die Möwen gefüttert, im Sommer lassen Kinder ihre Angelruten von der Brücke ins Wasser hängen.

Zum Bürkliplatz zurückkehrend und dem Stadthausquai rechter Hand folgend, haben Sie die Silhouette Zürichs über der Limmat vor sich, beherrscht von den zwei Türmen des Großmünsters (siehe S. 26). Am Stadthaus aus dem 19. Jh. vorbei erreichen Sie die Fraumünsterkirche. Zwischen Kirche und Stadthaus finden Sie im Kreuzgang den großangelegten **Freskenzyklus** des Zürcher Malers Paul Bodmer. Die Malereien stellen Ereignisse aus Zürichs legendärer und historischer Vergangenheit dar und entstanden zwischen 1921 und 1941.

Das **Fraumünster** ist romanisch-gotischen Ursprungs, wurde jedoch im 18. und 19. Jh. stark verändert. Die fünf bunten **Glasfenster** im romanischen Chor, die Marc Chagall 1969/70 im Alter von 83 Jahren schuf, stellen in intensiven Farben und Formen Ereignisse aus dem Alten und Neuen Testament dar.

Der Fraumünsterkirche gegenüber an der Limmat steht Zürichs schönster Rokokobau, das **Zunfthaus zur Meise.** Es wurde 1757 für die Zunft der Rebleute erbaut und beherbergt heute die Keramiksammlung des Schweizerischen Landesmuseums (siehe S. 83). Das kunstvolle Gitter vor dem Hauptportal stößt auf

den Münsterhof, einen der zentralen Plätze des mittelalterlichen und barocken Zürich.

Am anderen Ende des Platzes steht das **Zunfthaus zur Waag** von 1637, der prächtige Versammlungsort der Leinenweber und Hutmacher. Wie viele Zunfthäuser wurde auch dieses in ein Restaurant umgewandelt.

Vom Münsterhof führt die schmale Storchengasse an drei in buntem Dreiklang renovierten Häusern vorbei Richtung Weinplatz. Die Gasse ist gesäumt von Läden und Boutiquen aller Art, ebenso die linker Hand abzweigenden Treppen und Gäßchen, die zur **Kirche St. Peter** führen. Der mächtige Turm aus dem 13. Jh. trägt die Uhr mit den Zifferblättern von 8,7 m Durchmesser. Sie ist weit vom See her ablesbar, und bei starkem Wind sieht man aus der Nähe, wie die gewaltigen Zeiger sich jede Minute erkämpfen müssen. Der heutige Barockbau ist eine Sinfonie aus lachsfarbenen Marmorsäulen, Stuckverzierungen und Kristalleuchtern. Über 20 Jahre war der Gelehrte Johann Kaspar Lavater (1741–1801) Pastor dieser Kirche. Von 1784 bis zu seinem Tod lebte er im Haus St. Peterhofstatt 6.

Von der St. Peterhofstatt mit dem friedlichen Dorfplatzcharakter führt die **Augustinergasse** in einem weiten Bogen zur Bahnhofstraße zurück. Ihre schmalen, alten Häuser sind mit romantischen Erkern geschmückt. Doch wenn Sie Lust haben, mehr von Zürichs Altstadt zu sehen, gehen Sie zurück zum Weinplatz an der Limmat und zu der gleich daran anschließenden Rathausbrücke.

Das schmale Gäßchen auf dem linken Limmatufer, die Schipfe, säumen leicht schiefe Wohnhäuser des 17. und 18. Jh.; dies ist eine der ältesten Straßen Zürichs. Von hier führt links die Fortunagasse hoch zum Lindenhof.

Der Brunnen auf dem **Lindenhof** erinnert daran, daß 1292 die Zürcherinnen ihre Stadt vor den Habsburgern retteten, indem sie in voller militärischer Rüstung paradierten und so den Eindruck erweckten, die Stadt sei gut bewacht. Jenseits der Limmat ziehen hügelan der schlanke, grün bedachte Turm der Predigerkirche, darüber die Kuppeln von Universität und Technischer Hochschule den Blick an.

Über die Rudolf-Brun-Brücke (vom Lindenhof die erste Brücke links) erreichen Sie Zürichs Vergnügungs-, aber auch das Universitätsviertel.

Folgen Sie der Mühlegasse, die das Niederdorf durchquert, dessen Bars, Kinos, Restaurants und Nachtklubs Ziel vieler Nachtschwärmer sind.

Am Zähringerplatz erhebt sich die **Predigerkirche,** deren Chor aus dem 14. Jh. als schönstes Beispiel zürcherischer Gotik gilt.

Für Mitglieder der Zünfte ist das Sechseläuten ein großer Tag.

Rechter Hand verschwindet die schmale Predigergasse zwischen den Häuserreihen. Sie führt zum **Neumarkt,** einem der am besten erhaltenen Straßenzüge des alten Zürichs. **25**

Biegen Sie rechts ein, und gehen Sie an den originellen Wohnhäusern vorbei zum Theater am Neumarkt (ehemals Zunfthaus der Schuhmacher), dessen graue Steinfassade leuchtend rote Geranien schmücken.

Am anschließenden Rindermarkt sehen Sie links das alte Restaurant Öpfelchammer mit Erinnerungsgegenständen an Gottfried Keller. Der Rindermarkt stößt auf die Münstergasse, von der wenige Schritte linker Hand nach rechts die Marktgasse abzweigt. Sie führt zum barocken **Rathaus** (1694–98) an der Limmat, dessen Hauptportal mit dem Wappen der Stadt, zwei goldenen Löwen, verziert ist.

Dem Rathaus gegenüber am Limmatquai sehen Sie das **Zunfthaus zur Saffran** aus dem 18. Jh. Dieser Versammlungsort der Krämer gehört zu jener malerischen Häuserreihe, deren arkadengeschmückte Fassaden die Limmat überblicken.

Das **Haus zum Rüden,** Zunfthaus der Edelleute, ist bereits 1295 urkundlich bezeugt, jedoch erhielt der heutige Bau seine Form erst vor 300 Jahren. Das von schweren roten Balken gestützte, überhängende Obergeschoß ruht auf grauen Steinmauern. Im prachtvollen gotischen Saal

befindet sich ein Restaurant. Im eleganten **Zunfthaus zur Zimmerleuten** daneben (1708) versammelte sich die Gilde der Schreiner.

Zu Beginn der nun folgenden Münsterbrücke steht linker Hand das **Helmhaus** aus dem 18. Jh. In der Säulenhalle vor dem Portal fand früher der Tuchmarkt statt und werden heute bedeutende Kunstausstellungen veranstaltet. Mit dem Helmhaus verbunden und direkt über dem Wasser erbaut ist die spätgotische **Wasserkirche** (1479–84), deren Glasfenster im Chor Augusto Giacometti schuf.

Die Wasserkirche und der hölzerne Vorgängerbau des Helmhauses standen früher auf jener Insel, auf der der Legende nach die Stadtpatrone Felix und Regula enthauptet worden waren. Die beiden Heiligen sollen ihre abgeschlagenen Häupter ergriffen und über das Wasser zur Stelle des Großmünsters getragen haben. Diese Legende ist sehr anschaulich in den Fresken Bodmers im Kreuzgang des Fraumünsters dargestellt.

Die Insel ist längst mit dem Ufer verbunden, und jenseits des Limmatquais erreichen Sie über einige Steinstufen den Vorplatz des **Großmünsters,** das zwischen 1100 und 1250 anstelle eines älteren Baus aus dem 9. Jh. errichtet wurde.

Die Zwillingstürme aus dem 15. Jh. mit den grün oxydierten Turmhelmen aus dem 18. Jh. gehören zu den bekanntesten

Wahrzeichen der Stadt. Das Innere der Kirche ist einfacher als die majestätische Fassade erwarten läßt, denn als Mutterkirche der deutschschweizerischen Reformation wurde das Großmünster seines katholischen Schmuckes beraubt. Besuchen Sie auch die Hallenkrypta mit den mittelalter-

Nicht nur Zürichs Nachtschwärmer treffen sich im Niederdorf.

lichen Fresken und einer über-
lebensgroßen Statue Karls des
Großen, deren Kopie einen
der beiden Türme schmückt,
sowie den Kreuzgang.

Vom Großmünsterplatz
führt die bereits im 13. Jh. er-
wähnte, mit Wohnhäusern aus
verschiedenen Jahrhunderten
gesäumte Kirchgasse zum
Kunsthaus (siehe S. 83). Sie
können aber auch dem Lim-
matquai oder einer seiner Par-
allelstraßen folgen und erreichen dann den **Bellevueplatz.**
Von diesem Verkehrsknoten-
punkt aus fahren mehrere der
blauweißen Straßenbahnen –
die hier Tram heißen – zurück
zum Hauptbahnhof.

Der Zürichsee und die Limmat

Besonders attraktiv gibt sich
Zürich von der Limmat her
gesehen. Zwischen April und
Oktober beginnt jede halbe
Stunde am Steg des Landesmuseums hinter dem Hauptbahnhof eine 50 Minuten dauernde
Ausflugsfahrt in einem der mit
Glasdach gedeckten Motor-
boote. Auf dem Rückweg wird
in Zürich-Enge am anderen
Seeufer kurz angehalten. Von
hier können Sie das nahegele-
gene Museum Rietberg (siehe
S. 83) aufsuchen.

Auf dem Zürichsee werden
auch 4- und 5stündige Rundfahrten durchgeführt. Die
Schiffe fahren an malerischen
Dörfern, Wein- und Obstgärten vorbei, und immer wieder
verlocken kunstvolle Schilder
zum Besuch eines Landgast-
hofes.

Ein lohnender Ausflug führt
nach **Rapperswil,** einem mittelalterlichen Städtchen auf einer
Landzunge des Zürichsees.

Geschichte als Anekdote . . .

28

Blumengeschmückte Stein- und Fachwerkbauten ziehen sich in engen Reihen um den imposanten Burghügel, von dessen Höhe sich ein schöner Ausblick über den See eröffnet.

Städte und Burgen des Mittelalters

Die Umgebung von Zürich ist reich an gut erhaltenen mittelalterlichen Orten mit bedeutender Vergangenheit. Meist liegen sie etwas abseits der Hauptrouten, lassen sich aber mit einer guten Karte leicht finden.

Kyburg. Sie entstand im 11. Jh. und ist die bedeutendste Burg der Nordostschweiz. Zu sehen sind gut erhaltene Zeugen aus dem 12. bis 18. Jh., wie Bergfried, Wehrgang und Folterkammer (nordöstlich bei Winterthur).

Regensberg. Dieses Städtchen liegt weithin sichtbar auf einem Hügel. Die mittelalterlichen Häuser sind zusammengebaut und bilden mit ihren Rückwänden die Stadtmauer (17 km nordwestlich).

Die Quellen von **Baden** suchten schon die Römer auf. Die Altstadt hat man in eine schöne, Fußgängern vorbehaltene Einkaufszone umgewandelt (24 km nordwestlich).

Lenzburg. Die massive, eindrucksvolle Festung war nacheinander im Besitz der drei mächtigen Familien Lenzburg, Kyburg und Habsburg. 1173 hielt Kaiser Barbarossa hier Hof. Der Besucher erhält einen guten Einblick in das Leben an mittelalterlichen Höfen und ein Bild von der engen Zusammengehörigkeit von Stadt und Burg in der damaligen Zeit (35 km westlich).

Der Nordosten

St. Gallen und Appenzell

St. Gallen (85 km von Zürich) ist die wirtschaftliche Nabe der Nordostschweiz mit einer bedeutenden historischen Vergangenheit, die in der Klosteranlage und der Altstadt beredte Zeugen hat. Der Kanton Appenzell dagegen hat seine ländliche Ruhe weitgehend bewahrt und lädt zu erholsamem Verweilen ein.

Die Fahrt von Zürich nach St. Gallen sollten Sie, der Museen wegen, in WINTERTHUR (siehe S. 83) und, des Städtchens wegen, in **Wil** unterbrechen. Wil wurde vor 700 Jahren gegründet, und seine mittelalterlichen Häuser schmiegen sich wie damals an die sanften Hänge eines Hügels. Ein sehr schönes, wenngleich ungewöhnliches Beispiel der vor allem im Appenzell verbreiteten naiven Volksmalerei finden Sie in der Pfarrkirche St. Nikolaus, etwas abseits der äußeren Straße der Altstadt.

Im grünen Wiesengürtel zwischen Alpsteingebirge und Bodensee liegt **St. Gallen,** das Zentrum der schweizerischen Textilindustrie. Jahrhundertelang galten die hier gefertigten Stickereien und Spitzen als besondere Zierde jeder vornehmen Aussteuer. Längst werden nun zur Herstellung auch moderne Techniken angewandt, doch nichts kann die zauberhaften, handgearbeiteten Beispiele im Industrie- und Gewerbemuseum (Vadianstraße) übertreffen.

St. Gallen wuchs im 19. Jh. sehr rasch über die in konzentrischen Kreisen um die Klosteranlage gewachsene **Altstadt** hinaus, und in den neueren Vierteln sind sehr viele Bauten aus der Gründerzeit erhalten geblieben.

Ihren Ursprung aber nahm die Stadt etwa an der Stelle der Stiftskirche. Hier gründete der irische Mönch Gallus um 612 ein Kloster, das nur wenig später zu einem Mittelpunkt europäischen Geisteslebens wurde; Schule und Bibliothek erlangten Berühmtheit. Die prachtvollen illuminierten Handschriften, die die Mönche vor über 1000 Jahren in harter Arbeit schufen, werden heute in der Stiftsbibliothek aufbewahrt.

Die Benediktinerabtei mit der **Stiftskirche** ist eines der hervorragendsten Bauwerke des Barock. Die Geschichte der Anlage zeugt von der Bedeutung, die diesem geistigen Zentrum über Jahrhunderte hinweg zukam. Das Innere der Kirche ist ganz Licht und Klarheit. Stukkaturen, Bemalung, Gemälde und Einrichtung bilden eine harmonische Einheit.

Die **Stiftsbibliothek** im Westflügel der Klostergebäude besitzt das schönste Rokokointerieur der Schweiz (1758–67). Wie zutreffend die Worte *Psyché iatreíon* (»Heilstätte der Seele«) am reich verzierten Türrahmen sind, bestätigt ein Blick ins Innere. Architektur und Ausstattung sind überwältigend. Um die Stileinheit zu wahren, sind die Regale nicht beschriftet: Cherubim mit entsprechenden Symbolen bezeichnen die verschiedenen Wissensgebiete. Der Engel mit dem Teleskop beispielsweise wacht über die Werke der Astronomie!

Appenzeller Harmonie: Menschen, Musik, Architektur, Landschaft, alles stimmt überein.

Die zahlreichen, meist mit kunstvollen originellen Erkern geschmückten Stein- und Fachwerkhäuser zeugen vom Reichtum der alten Kaufmannsstadt. Sie finden sie vor allem in der Multer- und Spisergasse, und auch in den übrigen Gassen erwartet Sie manche Überraschung.

Im Städtchen Appenzell, Hauptort des Halbkantons Appenzell Inner-Rhoden und nur wenige Kilometer von St. Gallen entfernt, erleben Sie eine ganz andere Atmosphäre. Hier gehören Volkskunst und Handwerk, Trachten und überlieferte Traditionen zum normalen Alltag.

Der kleine Kanton Appenzell (Inner- und Außer-Rhoden) ist rundum vom Kanton St. Gallen umgeben. »Sonntagsland« nannte Hermann Hesse die hügeligen Weiden, Wälder und Wiesen, aus denen im Süden der Alpstein mit dem 2504 m hohen Säntis emporsteigt. Nichts paßt so sehr zu dieser Landschaft wie die braunen Holzhäuser und die friedlich weidenden Kühe.

Ein besonderes Fest ist der Alpaufzug im Frühsommer (und die Alpabfahrt im Frühherbst). Dann ziehen die Sennen in ihren roten Trachtenwesten und schwarzen, blumengeschmückten Hüten, die Kühe mit den großen Treicheln (Glocken) an reich verzierten Lederhalsbändern durch die Dörfer zu den hochgelegenen Weiden.

Auf der Strecke nach Appenzell liegt, 13 km nach St. Gallen, der Ort **Gais,** dessen Stein- und Holzhäuser mit den geschweiften Giebeln das einzigartig harmonische Dorfbild bestimmen.

Wenig später (5 km) erblicken Sie **Appenzell** inmitten von grünen Wiesen mit den schneebedeckten Hängen der Säntiskette im Hintergrund. Lassen Sie sich Zeit beim Betrachten der typischen, bemalten Holzhäuser und des Landsgemeindeplatzes an der Hauptgasse. Die Landsgemeinde, bestehend aus allen wahlfähigen Männern über 20, trifft sich hier am letzten Sonntag im April, um über die Geschicke des Kantons zu beraten und ihre Stimme abzugeben. Man sieht: Auch hier herrscht die Tradition – die Frauen bleiben zuhause.

Eine landschaftlich schöne Strecke von Appenzell nach Zürich durchquert Urnäsch, Schwägalp, Neu St. Johann, Wattwil, Rapperswil (siehe S. 28).

Bei Neu St. Johann führt die Abzweigung nach links ins **Toggenburg,** einem beliebten

Wintersportgebiet. Das Geburtshaus des Reformators Huldrych Zwingli in Wildhaus ist zugleich eines der ältesten Holzhäuser in der Schweiz. Von hier läuft die Straße weiter Richtung Buchs nach **Werdenberg,** einer alten Holzbausiedlung zu Füßen des gleichnamigen Schlosses.

Schaffhausen

Schaffhausen liegt 45 km nördlich von Zürich in der Nähe des Rheinfalls auf dem jenseitigen Ufer.

Mit 23 m Höhe und 130 m

Fassadenmalerei in Stein am Rhein. Hierher kommen Sie am besten früh morgens.

Breite ist der **Rheinfall** der größte Wasserfall Europas. Von mehreren Punkten des Ufers und der Eisenbahnbrükke aus können Sie das tosende Schauspiel beobachten; wem das nicht genügt, der kann sich mit dem Bötchen zum Felsen mitten im Strom fahren lassen.

Die **Altstadt** von Schaffhausen birgt viele ungewöhnlich schöne und phantasievolle Bürgerhäuser und andere Bauwerke. Mehr als 160 Erker, einer erstaunlicher als der andere, schmücken die gotischen und barocken Wohnhäuser. Die bassinartigen Brunnenbekken mit den Geranienkästen erinnern an einen friedlichen

Dorfplatz. Das Kloster **Allerheiligen** aus dem 12. Jh. beherbergt ein interessantes und abwechslungsreiches Museum für Geschichte und Kunst.

Über der Stadt thront die 400 Jahre alte Festung **Munot,** die nach der Befestigungslehre Dürers (von 1527) zwischen 1564 und 1585 erbaut wurde.

Rheinaufwärts liegen mehrere ebenso hübsche wie alte Städtchen, unter denen **Stein am Rhein** ein Kleinod für sich ist. Der alte Marktplatz mit den bemalten Erkerfassaden und die spätmittelalterliche Benediktinerabtei sind die herausragenden Punkte des einmaligen Marktstädtchens. Auf dem Höhenzug darüber befindet sich die Burg Hohenklingen, 800jährige Festung der Zähringer, in herrlicher Aussichtslage.

Etwas weiter in Richtung Bodensee liegt das Schloß **Arenenberg,** in dem Napoleon III. seine Kindheit verlebte. Die Exkönigin Hortense ließ das im 16. Jh. errichtete Schloß umbauen und königlich ausstatten. Kostbare Möbel, Gebrauchs- und Luxusgegenstände erinnern an die damalige Pracht.

Die Dörfer und Städtchen am Untersee sind reich an Fachwerkbauten. Hervorragend ist die **Drachenburg** von 1617 in Gottlieben, das wohl außergewöhnlichste Fachwerkhaus der Schweiz. Die beiden Erker mit den barocken Schindelhelmen wirken geradezu exotisch.

Der Rhein, wie man ihn sich in Duisburg kaum vorstellen kann. **35**

Basel

(192 000 Einwohner)

Basel hat viele Gesichter. Es ist betriebsamer Flußhafen, Schnittpunkt dreier Länder und dementsprechend vieler Durchgangsstraßen, Industriezentrum, Grenzstadt und historische Siedlung in einem.

Deutschland und Frankreich sind nah, und das Dreiländereck hat auch kulturell von den nachbarschaftlichen Beziehungen profitiert. Von Basel gelangt man ebenso schnell in den romantischen Schwarzwald wie in eines der köstlichen Schlemmerlokale im Elsaß.

Die Geschichte Basels war schon immer eng mit dem Rhein verbunden. Vor 2000 Jahren gab es hier keltische Siedlungen, dann errichteten die Römer eine Festung, 374 wird der Ort Basilea erstmals erwähnt. Alemannen und Burgunder schätzten die strategisch günstige Lage am Rheinknie ebenfalls. Im 11. Jh. übernahm Konrad II. die Stadt, die nun bis zu ihrem Eintritt in den eidgenössischen Bund 1501 zum Deutschen Reich gehörte.

Basel genoß von jeher einen ausgezeichneten Ruf als Gelehrtenzentrum. Gefördert wurde er durch die Anwesenheit des Konzils (1431–47), in dessen Folge es 1460 zur Gründung der ersten Universität der Schweiz kam. Hier lehrte bald darauf der große Humanist Erasmus von Rotterdam. Zu den berühmten Lehrern des 19. Jh. gehörten Bachofen, Carl Jacob Burckhardt und Nietzsche. Die kulturelle Vergangenheit spiegelt sich auch in der bedeutenden Sammmlung des Kunstmuseums wieder.

Für Zürich ist Basel nicht nur geistiger, sondern auch wirtschaftlicher Konkurrent. Gründete der Reichtum der Bürger in früheren Zeiten in der Seidenherstellung, ist die Stadt heute auf dem Gebiet der chemischen und pharmazeutischen Industrie führend. Und einmal im Monat blickt auch die Hochfinanz nach Basel, immer dann, wenn sich die Bankiers aus aller Welt im kupfernen Hochhaus der Bank für Internationalen Zahlungsausgleich (Bahnhofsplatz) beraten.

Entdeckungsrundgang

Die Altstadt verbirgt sich zwischen Hochhäusern, Banken und Chemiewerken. Einen orientierenden Überblick vermitteln die zweistündigen Stadtrundfahrten des Basler Vekehrsbüros. Doch auch wenn Sie auf eigene Faust auf Entdeckungen ausgehen wollen, ist das Verkehrsbüro am

BASEL

Blumenrain 2 ein guter Ausgangspunkt.

Wenige Schritte vom Blu-
menrain führt die Mittlere
Rheinbrücke, die älteste von
Basels sechs Brücken, über den
Rhein. An dieser Stelle errich-
tete Bischof Heinrich von
Thun bereits 1226 einen Über-
gang. Es ist denn auch sein
Standbild, das die kleine Ka-
pelle auf der Brücke schmückt.
Von hier sehen sie Basels
Kontraste auf einen Blick.
Stromaufwärts beherrscht das
Münster das abfallende Ufer,
umgeben von mittelalterlichen
Wohnhäusern, stromabwärts
versperren die chemischen Be-
triebe den Horizont.

Jenseits der Brücke befinden
Sie sich in Kleinbasel. Vom
Oberen Rheinweg bietet sich
Großbasel am prächtigsten
dar. Am Haus Nr. 93 ist auf
einer Tafel der Hochwasser-
stand des Rheins zu verschiedenen Zeitpunkten seit 1641
eingetragen, Beweis, daß der
Fluß nicht immer brav seiner
Wege zog.

Auf dem Rückweg ins ältere
und vornehmere **Großbasel**
werden Sie den Lälle-Keenig,
den Kopf des mittelalterlichen
Königs mit heraushängender
Zunge, am rechten Eckhaus
am Ende der Brücke nicht
übersehen. Seine Geste drückt
38 die Verachtung der Großbasler

für die Kleinbasler jenseits des
Rheins aus.

Diese rächen sich ihrerseits
mit dem Vogel Gryff. Er hat im
Januar seinen großen Auftritt.
Dann nämlich steigt die bunt-
gefiederte Vogelgestalt von
einem Floß auf die Brücke und
vollführt einen grotesken Tanz,
um dem Lälle-Keenig zum

Musik statt Faxen – Pfeifer einer Fasnachtsclique.

Schluß respektlos seine Rückseite zu zeigen. Dieses Ereignis ist zugleich Beginn der Vor-Fasnachtzeit.

Die Basler **Fasnacht** hat mit dem deutschen Karneval nur wenig gemein. Die Fasnacht beginnt am Montag nach Aschermittwoch punkt 4 Uhr in der Frühe. Dann erklingen plötzlich Trommeln und Pfeifen, leuchten in der Dunkelheit humorvoll gearbeitete Laternen auf, wahre Kunstwerke, die durch die Gassen der Altstadt getragen werden. Jede **39**

Clique (Gruppe) parodiert ein Ereignis der kleinen oder großen Politik. Am Nachmittag findet der Umzug mit prächtigen Kostümen, Masken und wiederum Pfeifen und Trommeln statt. Abends werden in den Restaurants Politiker und Politik in witzigen »Schnitzelbängg« – Spottversen – vor einem begeisterten Publikum »besungen«. Das Fest, das alle Aktvitiäten in Basel auf den zweiten Platz verdrängt, dauert drei Tage.

Nach der Mittleren Rheinbrücke wenden Sie sich nach links und gelangen über den Rheinsprung und die Augustinergasse zum Münsterplatz. Manche der mittelalterlichen Häuser dieser beiden Gassen beherbergen wissenschaftliche Institute der Universität, die schönsten jedoch, mit Ausblick auf den Rhein, sind mit exklusiven Wohnungen eingerichtet.

Der **Münsterplatz** überrascht beim Betreten durch seine harmonische Ausgewogenheit. Er gehört ohne Zweifel zu den vollendetsten Platzanlagen des 18. Jh.

Das **Münster** mit den zierlichen Zwillingstürmen dominiert den Platz. Teile davon sind älter als 1000 Jahre und überstanden sogar das gewaltige Erdbeben von 1356, das ganze Häuserzeilen zerstörte.

Das romanisch-gotische Bauwerk mit der dunkelroten Sandsteinfassade und den gotischen Skulpturen am Hauptportal erinnert an die Blütezeit Basels als Bischofsstadt, die bis zur Reformation im 16. Jh. fast 1000 Jahre gedauert hat.

Bevor Sie das Münster betreten, sollten Sie sich den **Blick** von der Pfalz hinter dem Chor nicht entgehen lassen. Von dieser Terrasse sehen Sie über den rasch fließenden Rhein auf die Häuserfront Kleinbasels und dahinter die Hügel des Schwarzwaldes. Die blumengeschmückten kleinen Schiffe der Münsterfähre werden von der Strömung getrieben und durch ein Seil am Abdriften gehindert. Zum Bild gehören auch die grünen Straßenbahnen auf der Brücke und die vorbeiziehenden Rheinschiffe.

Der Rückweg zum Münsterplatz führt an der **Galluspforte** vorbei, deren Figurenschmuck das Thema des Jüngsten Gerichts darstellt. Zusammen mit dem Radfenster darüber gliedert das Portal die spätromanische Nordfassade.

Im Innern finden Sie in der letzten Kapelle des linken Seitenschiffs vor der Vierung das Grabmal des Erasmus von Rotterdam. Besonders sehenswert sind die hervorragenden

Steinmetzarbeiten an der **Kanzel** und in dem Maßwerk der **Kreuzgänge** aus dem 15. Jh.

Rechts des Münsters zweigt die **Rittergasse** ab, deren eleganten Patrizierhäuser im Erdgeschoß zum Teil mit verspielten schmiedeeisernen Fenstergittern versehen sind. In der rechter Hand einmündenden **Bäumleingasse** steht das Haus zum Luft (Nr. 18), in dem Erasmus 1535/36 gelebt hat.

Die Rittergasse mündet in die **St. Albanvorstadt,** eine weitere Straße, die gesäumt ist mit

Die Bischöfe von Basel waren im Mittelalter mächtige Landesherren.

spätmittelalterlichen Wohnhäusern und Herrensitzen aus
der Zeit der Renaissance. Doch
die große Attraktion hier ist
das **Kunstmuseum** (rechter
Hand am St. Albangraben) mit
seiner wertvollen Sammlung
alter und moderner Meister-
werke (siehe S. 84). Die Entste-
hung des Musuems geht auf
das Jahr 1622 zurück, als Stadt
und Universität die Sammlung
des Rechtsgelehrten Basilius
Amerbach aufkauften. In den
vergangenen 350 Jahren kamen viele wertvolle Meister-

*»Einen Jux will er sich machen!«
Jean Tinguelys Fasnachtsbrunnen.*

werke hinzu. Ein wichtiger Schritt war der Erwerb mehrerer Gemälde von Picasso, den die Basler zuvor in einer Abstimmung bewilligten. Davon beeindruckt, schenkte der Künstler der Stadt zusätzlich einige Werke.

Nach dem St. Albangraben erreichen Sie die Elisabethen-

straße, an der das **Haus zum Kirschgarten** steht, ein Palais aus dem 18. Jh., das einen hervorragenden Einblick in die Wohnkultur des damaligen Basler Großbürgertums gewährt (siehe S. 84). Auf der andern Straßenseite fällt der Gegensatz zwischen der Elisabethenkirche und den Glaspyramiden des neuen Stadttheaters auf. Gehen Sie zwischen beiden hindurch auf den in verschiedenen Ebenen angelegten Platz, dessen Glanzpunkt die **Brunnenanlage** von Jean Tinguely (1977) ist. Mehrere Plätschermaschinen schleudern das Wasser in eleganten Bogen über das weite Becken, und dazwischen nickt unaufhörlich ein steinernes Haupt aus der alten Theaterfassade. Das Wasser quillt ihm aus den Augen…

Nur wenige Schritte entfernt befindet sich der **Barfüßerplatz,** Zentrum der Innenstadt und beliebter Treffpunkt. Die Barfüßerkirche ist ihrem ursprünglichen Zweck entfremdet und beherbergt das ausgezeichnete Historische Museum.

Jede der drei Einkaufsstraßen Gerbergasse, Falknerstraße und Freiestraße führt zum Marktplatz, dessen Name seiner Funktion heute noch entspricht. Täglich werden an den Ständen frisches Gemüse, **43**

Früchte und Blumen angeboten. Dahinter erhebt sich die prächtige Renaissancefassade des **Rathauses** aus dem 16. Jh. Sehenswert sind der Regierungsratssaal mit allegorischen Fresken von Hans Bock (um 1610) und den bunten Standesscheiben (nicht immer zugänglich) sowie der ausgemalte Innenhof.

Rechts des Rathauses erstrahlt das 400jährige ehemalige Zunfthaus der Weinleute (heute ein Bankhaus) in neuem Glanz. Zwischen den Warenhäusern linker Hand führt ein schmaler Weg zur **Martinsgasse.** Zwei vornehme Wohnhäuser aus dem 18. Jh., das Blaue Haus (Nr. 3) und das Weiße Haus (Nr. 5), zeugen anschaulich vom damaligen Lebensstandard der reichen Seidenhändler.

Auf den Marktplatz zurückgekehrt, folgen Sie den Straßenbahngleisen auf der gegenüberliegenden Platzseite, die zum **Fischmarktbrunnen** führen, einem blumengeschmückten gotischen Brunnen. Jenseits der Straße verdienen die Stufen des Kellergäßchens hinauf zum Treffpunkt von Petersgasse und Nadelberg, zwei Straßen mit malerischen Häusern aus dem 14. und 15. Jh. Die **Peterskirche** ist eine der ältesten Kirchen Basels; sie wurde bereits vor 1000 Jahren in Urkunden erwähnt.

An der Kirche vorbei gelangen Sie zum Petersplatz, dessen grüne Wiese ganz im Besitz der Studenten aus den nahegelegenen Instituten ist. Unter den zahlreichen mittelalterlichen Wohnhäusern rechter Hand fällt das **Wildtsche Haus** von 1764 auf, eines der hervorragendsten Barockpalais der Schweiz. Vor dem Botanischen Garten biegen Sie links in den von reizvollen Häusern aus dem 14. und 15. Jh. gesäumten Spalengraben ein, der im Bogen zu einem der eindrücklichsten Stadttore der Schweiz führt.

Das **Spalentor,** dessen weiterführende Stadtmauern schon im 19. Jh. dem Vordringen der Stadt zum Opfer gefallen sind, wurde um 1400 errichtet; die Statuen Marias und der Propheten sind nur wenig jünger. Ein Kuriosum ist der Briefkasten aus dem 19. Jh., der heute noch von der Post geleert wird.

Auf halbem Weg die Spalenvorstadt hinunter verdient der **Spalenbrunnen** Beachtung. Der Künstler, der im 16. Jh. diese Darstellung eines Bauerntanzes entwarf, war mit Sicherheit von Hans Holbein d. J. inspiriert, der viele Jahre in Basel im Kreis von Erasmus und anderen humanistischen Gelehrten verbrachte.

Wenn Sie am Ende der Spalenvorstadt geradeaus weitergehen, erreichen Sie über **Heuberg** und **Spalenberg**, den **Nadelberg** oder den **Gemsberg** wieder den Marktplatz. Daneben sind noch viele weitere Gäßchen, Plätze, Brunnen und Häuserzeilen zu entdecken, aber auch Geschäfte, Cafés und Restaurants, die ebenfalls zum Verweilen einladen.

Ein Basler Glanzpunkt ganz anderer Art schließlich ist der **Zoo,** einer der interessantesten und schönsten Europas (Tramlinie 1 oder 7).

Ausflüge

Drei besonders reizvolle Ausflugsziele sind jeweils nur 20 Minuten entfernt.

Die Straße Richtung Delémont (oder die Straßenbahnlinie 10) führt den grünen Hängen des Jura entgegen. Hier liegen die beiden Dörfer Arlesheim und Dornach. **Arlesheim,** umgeben von Wäldern, Feldern, Weinbergen und Kirschbäumen, hat nicht nur drei mittelalterliche Festungen auf den umliegenden Hügeln vorzuweisen. Sehenswert ist vor allem die reich mit Stuck verzierte Rokokokirche aus dem 17. Jh. und die vornehmen Wohnhäuser am Domplatz, die im 18. Jh. für die Chorherren erbaut wurden.

Ein Spaziergang von Arlesheim führt nach Dornach mit dem berühmten **Goetheanum.** Der massive Betonbau wurde in den zwanziger Jahren vom Begründer der anthroposophischen Bewegung, Rudolf Steiner, unter möglichster Vermeidung rechter Winkel entworfen. (Mit Führungen für besonders Interessierte.)

In der Nähe der Autobahn Basel–Zürich können Sie die Ausgrabungen in **Augst,** der römischen Vorgängersiedlung von Basel, besichtigen. Vor 1800 Jahren lebten im damaligen Augusta Raurica über 20 000 Einwohner und kontrollierten den wichtigen Rheinübergang. Sie verfügten über ein Theater, ein ausgedehntes Forum, Tempel (später eine Basilika), Thermen und Handelshäuser. Im Sommer werden im gut erhaltenen Theater Freilichtaufführungen veranstaltet; im Museum sind antike Fundgegenstände und Modelle römischer Inneneinrichtungen zu besichtigen.

Von Basel aus werden selbstverständlich auch Ausflüge über die Grenzen hinweg organisiert. Der Schwarzwald, das Elsaß, Colmar oder Straßburg sind lohnende Ziele.

Solothurn

(66 km von Basel, 38 km von Bern)

Die kleine Stadt an der Aare hält einige Überraschungen für den Besucher bereit.

Wenn Sie mit dem Auto ankommen, lassen Sie es am besten in der Nähe des **Baseltores** (1504), eines bemerkenswerten turmbewehrten Stadttores, stehen. Die erste Überraschung folgt jenseits dieses Tores. Die monumentale, barocke **Kathedrale St. Ursen** verrät deutlich ihren südländischen Ursprung. Die beiden Architekten Gaetano Matteo Pisoni und sein Neffe Paolo Antonio stammten aus dem Tessin und errich-

teten ihr 1773 geweihtes Bauwerk aus weißem Kalkstein im Stil des italienischen Barocks.

Geschichtliche Höhepunkte im 17. und 18. Jh. wirkten sich auch auf die Architektur aus. So entstanden für den residierenden Bischof von Basel und französische Gesandte vornehme Residenzen. Das **Zeughaus** aus dem 17. Jh., abseits der Hauptgasse, wenige Schritte von der Kathedrale entfernt, besitzt eine der reichsten Waffensammlungen Europas – und als Kuriosum einen 400 Jahre alten Ritter, der spuckt, wenn sein Helm gehoben wird.

Auf dem Weg die Hauptgasse hinunter erblicken Sie die sehr schön in die Häuserfront einbezogene Fassade der **Jesuitenkirche,** die gegen Ende des 17. Jh. vollendet wurde. Von einem der gemütlichen Cafés am Marktplatz läßt sich in aller Ruhe der Blick über den Brunnen und den **Zeitglockenturm** (auch »Roter Turm«) aus dem 12. Jh. genießen. Die reich verzierte astronomische Uhr ist 400 Jahre alt. 100 Jahre später entstanden die beweglichen Figuren, die Ritter, Tod und Narren darstellen.

Auch in Solothurn lebt die Tradition des Markttags weiter.

Bern
(145 000 Einwohner)

Könnte Herzog Berchthold V. von Zähringen, der Bern 1191 gründete, seine Stadt heute sehen, hätte er Grund zur Freude. Denn in den vergangenen 800 Jahren ist sie zwar gewachsen, im Kern jedoch eine der reizvollsten Hauptstädte Europas geblieben.

Nach dem schrecklichen Feuer von 1405, das beinahe sämtliche Holzbauten zerstörte, wurden die Häuser in Sandstein wieder aufgebaut, und eben diese grauen Fassaden sind es heute, die mit Blumen geschmückt und oft beflaggt zum Charme von Berns Altstadt beitragen.

Als Wappentier ist der Bär allgegenwärtig, in Stein gehauen, auf Fahnen und, sehr lebendig, im Bärengraben. Die Legende erzählt, der Herzog habe gelobt, die Stadt nach dem ersten Tier zu benennen, das auf der Jagd erlegt werde.

Unschwer ist einzusehen, daß der Herzog einen ausgezeichneten Standort gewählt hatte. Bern steht auf einer hohen felsigen Halbinsel in einer Aareschleife und war leicht zu verteidigen, was der freien Reichsstadt auch dem Aussterben der Zähringer im 13. Jh. zugute kam.

47

Der expandierende Stadtstaat – der 1353 der Eidgenossenschaft beitrat – geriet bald mit den Feudalherren im Westen in Konflikt. Der Konflikt uferte aus, es kam 1474 zu den Burgunderkriegen gegen Karl den Kühnen, die die Eidgenossen nach zwei Jahren für sich entscheiden konnten. Von der Mitte des 16. Jh. bis zum Einfall Napoleons genossen die Bürger des mächtigen Bern eine ruhige Zeit. 1848 wurde die Stadt ständiger Sitz der Schweizerischen Regierung.

Vom aufgeregt-geschäftigen Treiben einer Landeshauptstadt ist in Bern jedoch selten etwas zu spüren. Die Berner gelten seit je unter den gemütlichen Schweizern als die gemütlichsten, und die zu Parlamentsgeschäften anwesenden Vertreter aller Kantone lassen sich davon anstecken. Man kann ihnen nicht selten in einem der Cafés am Bärenplatz, gegenüber dem Bundeshaus, begegnen.

🧳 Spurensuche

Am Bahnhof, einem der modernsten Europas, finden Sie die ersten Zeugen der Vergangenheit, noch bevor Sie ans Tageslicht kommen. Die Überreste des Christoffelturms, eines Teils der 600jährigen Befestigungsmauern, wurden beim

Bau der unterirdischen Bahnhofspassage sorgfältig restauriert.

Rolltreppen führen zum Bahnhofplatz, und bevor Sie in die Spitalgasse einbiegen, sehen Sie zu Ihrer Linken die **Heiliggeistkirche** (1726–29), eine der schönsten protestantischen Barockkirchen der Schweiz. Zu besichtigen ist sie an Sonntagen eine halbe Stunde vor Gottesdienstbeginn, in der übrigen Zeit bleibt sie geschlossen.

Berns Zibelemärit im November gehört zu den sympathischsten Bräuchen.

Die **Spitalgasse** ist eine belebte Einkaufsstraße, deren Geschäfte und Warenhäuser sich hinter jahrhundertealten Fassaden verbergen. Bereits hier sehen Sie die für Bern so typischen Arkadengänge, Lauben genannt, die nicht nur reizvoll aussehen, sondern – vor allem bei Regen – auch praktische Vorteile haben. In Bern gibt es 6 km dieser Laubengänge.

Die Spitalgasse wie auch die anschließende Marktgasse sind Fußgängerzone, jedoch fährt die Straßenbahn!

In der Spitalgasse stoßen Sie schon bald auf den ersten der vielen berühmten **Brunnen** Berns aus dem 16. Jh., den Pfeiferbrunnen. Wahrscheinlich ist der Pfeifer wie manch andere Brunnenfigur ein Werk Hans Giengs.

49

Bevor Sie unter dem Bogen des 300 Jahre alten **Käfigturms** hindurchgehen, sehen Sie links den Holländerturm, eines der ältesten Bauwerke der Stadt (1230). Darin sind heute zwei winzige Wohnungen und ein privater Empfangsraum eingerichtet. Am Ende des langgezogenen Waisenhausplatzes steht das Waisenhaus aus dem 18. Jh., heute die Polizeihauptwache.

Rechts des Käfigturms befindet sich der Bärenplatz mit Cafés und einem Schachbrett, dessen kindsgroße Figuren von zwei Spielern bewegt werden, während die Umstehenden das Spiel fachmännisch kommentieren. Auf der anderen Straßenseite erhebt sich die grüne Kuppel des Bundeshauses (siehe S. 55).

Unter dem Käfigturm hindurch gelangen Sie jetzt in die **Marktgasse** mit zwei weiteren Brunnen. Der erste ist Anna Seiler, der Gründerin des ersten Krankenhauses, gewidmet; etwas entfernt steht der Schützenbrunnen.

Nicht gerade liebenswürdig wirkt der Kindlifresserbrunnen, den Sie im Weitergehen links auf dem Kornhausplatz sehen. Er steht mitten im Verkehr, und die Figur des Kinderfressers ist eben dabei, eines seiner Opfer zu verschlingen,

während weitere in seinem Sack auf das gleiche Schicksal warten.

Am gleichen Platz befinden sich das Stadttheater und das imposante **Kornhaus,** das zwischen 1711 und 1718 entstand und im 19. Jh. erneuert wurde. Im hohen Kellergewölbe befindet sich heute ein Restaurant.

Die **Französische Kirche** hinter dem Kornhaus war ursprünglich Teil eines Dominikanerklosters aus dem 13. Jh. und ist die älteste Kirche Berns. Im 17. Jh. diente sie als geistiges Zentrum und Versammlungsort der Hugenotten, die aus Frankreich geflohen waren.

Von der Kirche gehen Sie nun am Kindlifresserbrunnen vorbei zum und unter dem berühmten **Zytgloggeturm** (Zeitglockenturm) hindurch in die Kramgasse. Versuchen Sie einige Minuten vor der vollen Stunde dort zu sein, um das weltberühmte Figurenspiel zu sehen: Ein Hahn kräht und schlägt mit den Flügeln, ein Narr läutet mit kleinen Glocken, Bären tanzen, ein bärtiger Mann zählt die Schläge, die der Ritter auf die große Glocke hämmert, und der Löwe zählt kopfdrehend mit. Das Uhrwerk stammt aus dem 16. Jh., ebenso die astro-

nomische Uhr an der Ostfassade.

In der **Kramgasse** sind zwei weitere Berner Brunnen zu sehen, der Zähringerbrunnen mit den beiden Bären, zu Ehren des Stadtgründers errichtet, und der Simsonbrunnen, der den Kampf Simsons mit dem Löwen darstellt.

Beim nächsten, dem Kreuzgassebrunnen, ist es Zeit, sich einmal umzusehen. Der Blick zurück zeigt den Zytgloggeturm, in der entgegengesetzten Richtung ist der Turm der Nydeggkirche (siehe S. 54) zu sehen. Links und rechts an der Kramgasse stehen einige der interessantesten und schönsten Häuser Berns, so das Zunfthaus der Bäcker (Nr. 9), das ehemalige Zunfthaus der Steinmetze, deren Emblem ein Affe ist (Nr. 5), oder die älteste Apotheke der Stadt an der Ecke gegenüber dem Zytgloggeturm.

Die Kreuzgasse linker Hand führt zu einem kleinen Platz, von dem aus Sie das gotische **Rathaus** bewundern können, das zwischen 1406 und 1417 entstand. Die Fassade des Sitzes der Kantonsregierung wird von der mächtigen Freitreppe geprägt. Der Vennerbrunnen zeigt einen Berner Fahnenträger in voller Uniform.

In der **Gerechtigkeitsgasse** (Fortsetzung der Kramgasse) finden Sie den schönsten Brunnen der Stadt, den **Gerechtigkeitsbrunnen,** mit der Gestalt der Schwert und Waage hal-

Daß Bern von Bär kommt, wird dem Besucher oft in Erinnerung gerufen.

tenden Justitia, zu deren Füßen Papst, Kaiser, Sultan und Bürgermeister knien.

Am Ende dieser Gasse haben Sie die Wahl zwischen dem direkten Weg über die Brücke zum Bärengraben oder dem Nydeggstalden zur Linken, der in das älteste, vor kurzem renovierte Viertel der Stadt führt. Ein kleiner Umweg schließt beides ein.

Die **Nydeggkirche** stammt aus dem 14. Jh., wurde aber 1953 innen total renoviert. Bemerkenswert sind die modernen Bronzereliefs mit Szenen aus dem Leben Jesu an den Türflügeln. Die Statue im Hof stellt selbstverständlich den Gründer Berns dar.

Der Weg führt nun hinunter auf den Läuferplatz und zur **Untertorbrücke** (1461–89), der ältesten Brücke der Stadt. Der Läuferbrunnen links wurde zu Ehren jenes Berner Herolds errichtet, der den Mut hatte, auf den Vorwurf des französischen Königs, er spreche ja nicht einmal Französisch, zu erwidern: »Nun, Ihr sprecht ja auch kein Deutsch.«

Nach der Brücke brauchen Sie gute 10 Minuten für den Aufstieg zum **Rosengarten.** Für die Anstrengung winken als Lohn der Garten selbst, eine erholsame Cafeteria sowie ein prachtvoller Blick über die Altstadt. Wenn Ihnen der Aufstieg zuviel wird, biegen Sie gleich nach der Untertorbrücke rechts ein und gelangen zum **Bärengraben.**

Schon seit dem 15. Jh. werden in der Stadt Bären gehalten, und der Graben gehört zu den am meisten besuchten Sehenswürdigkeiten Berns. In den drei voneinander getrennten Gruben tummeln sich fast immer einige der etwa 20 Bären. Längst haben sie gelernt, um Leckerbissen wie Möhren, Nüsse oder Feigen mit allerlei Kunststückchen zu betteln. Am Ostersonntag werden jeweils die Bärenjungen zum erstenmal mit ihren Müttern ins Freie gelassen, ein Ereignis, zu dem sich ganz Bern einfindet.

Gehen Sie über die Nydeggbrücke zurück, und biegen Sie nach links in die **Junkerngasse** ein. Unter den vornehmen Patrizierhäusern des 18. Jh. sind der Erlacherhof (Nr. 47) und das Haus von Wattenwyl (Nr. 59) hervorzuheben. In letzterem empfängt der Bundesrat (die Regierung) oft Staatsbesuche. Dieses ist der Öffentlichkeit zugänglich, allerdings nur zwischen 13 und 17 Uhr am ersten Samstag der Monate Januar, April, Juli und Oktober!

Das Berner **Münster** wurde 1421 begonnen und 1893 mit der Fertigstellung des 100 m hohen Turms vollendet. Die Darstellung des **Jüngsten Gerichts** (1490–95) von Erhart Küng im Feld über dem Hauptportal hat von ihrer Wirkung nichts eingebüßt. Daß darauf in der Hölle auch geistliche Würdenträger schmoren, dürfte um 1500 weniger Staunen hervorgerufen haben als heute!

Beachtenswert sind die Glasfenster im Chor aus dem 15. Jh. sowie das im Renaissancestil ˙ geschnitzte Chorgestühl (1522–25). Mönche, Ritter, Narren, Engel, Schafscherer – und natürlich auch Bären – sind mit viel Humor phantasievoll gestaltet.

Scheuen Sie den Kraftaufwand, die 254 steilen Stufen des höchsten Kirchturms der Schweiz zu erklettern, nicht. Sie werden mit einem einmaligen **Blick** über Bern und seine Umgebung dafür belohnt.

Ein sehr schönes Panorama liegt auch von der Münsterplattform aus vor Ihnen. Rechts spannen sich die gewaltigen eisernen Bogen der Kirchenfeldbrücke, auf der die grünen »Trams« wie Spielzeugeisenbahnen wirken, über die Aare. Die Märchenburg im Hintergrund ist das Historische Museum.

Beim Verlassen des Münsterplatzes Richtung Münstergasse sehen Sie den Moses-brunnen. Über den Casinoplatz und durch die Kochergasse erreichen Sie das **Bundeshaus** direkt, ein kleiner, aber lohnender Umweg führt vom Casinoplatz nach links auf die Bundesterrassen. An klaren Tagen ist der **Ausblick** auf die Berner Alpen unvergleichlich, auffallend das imposante Trio von Eiger – Sie sehen die berüchtigte Nordwand –, Mönch und Jungfrau (4158 m). An der Jungfrau sieht man mit etwas Phantasie vor Sonnenuntergang tatsächlich die Schattenform von Madonna und Kind.

Das palastartige **Bundeshaus,** in dem die Volkskammern tagen, entstand 1894–1902. Die reiche Innenausstattung können Sie auf einer unentgeltlichen Führung (täglich um 8, 10, 11, 14, 15, 16 Uhr, sonntags letzte Führung um 15 Uhr) besichtigen.

Was Bern sonst noch bietet

Stadtbesichtigung, Museen (siehe S. 85) und kulturelle Veranstaltungen sind nur ein Teil der zahlreichen Möglichkeiten, sich in Bern zu unterhalten.

Bern verfügt auch über Erholungsstätten in unmittelbarer Stadtnähe. In einer knappen halben Stunde sind Sie mit der Straßenbahn Nr. 9 und der **55**

Gurtenbahn auf dem auto-freien **Gurten,** einem beliebten Ausflugsziel im Grünen mit herrlichem Blick auf Stadt und Berner Alpen.

Die Natur genießen können Sie auch im **Tierpark Dähl-hölzli** (Bus Nr. 18). Die vielen verschiedenen Tiere, das Viva-rium, vor allem aber das Pony-reiten machen auch Kindern Spaß. Der Tierpark liegt in einem breiten Waldstreifen, der sich aareaufwärts zieht und von romantischen Spazierwe-gen durchzogen ist. An heißen Tagen lassen sich kühne Schwimmer von der Strömung der Aare treiben. Wer nicht ge-wohnt ist, in einem ziehenden Fluß zu schwimmen, betrach-tet die grünen Wellen besser vom Ufer aus.

Haben Sie Lust auf größere Unternehmungen, so genügt ein halber Tag, **Aarberg** (20 km nördlich) kennenzulernen. Zierde des Städtchens sind der hübsche Marktplatz, eine 400 Jahre alte Holzbrücke und die gotische Kirche aus dem 15. Jh.

Murten, französisch Morat (28 km, an der E 4), war Ort des entscheidenden Sieges (1476) der Eidgenossen über Karl den Kühnen von Burgund. Eine Ringmauer aus dem 14. Jh. umgibt das Städtchen auf einer Anhöhe über dem Murtensee; eindrucksvoll ist

auch seine Burg (13. Jh.). Im deutschen Pfarrhaus wurde der Schriftsteller Jeremias Gotthelf (1797–1854) geboren.

Das reizende Städtchen **Er-lach** (45 km) liegt am Bieler-see. Das größere **Biel** am ande-ren Ende des Sees steht ihm kaum nach, besonders der Ring, ein Platz in der Altstadt, wird Ihnen gefallen.

Mit dem Ausflugsboot ge-langen Sie von Biel auf die im See gelegene **St. Petersinsel.** Der ideale Picknickflecken verdankt seine Berühmtheit Jean-Jacques Rousseau, der 1765 hier einige Zeit ver-brachte.

Was wäre ein Besuch in Bern ohne einen Abstecher ins **Emmental,** berühmt durch sei-nen Käse? Ein halber Tag reicht aus, dem Reiz dieses grünen, auf den Höhen be-waldeten Tals zu verfallen. An der Strecke liegt BURGDORF (25 km nordöstlich), von wo man der Emme bis LANGNAU folgt.

Berner Oberland

Lange bevor das Berner Ober-land zu einem bevorzugten Skigebiet wurde, hielten sich die Fremden hier gern im Sommer auf. Während des 19. Jh. reisten reiche Franzosen und Engländer an, um von den

56

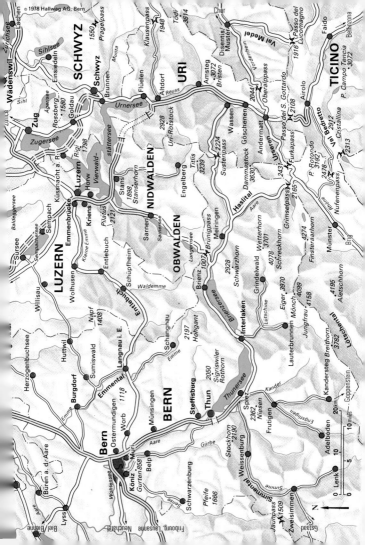

Grandhotels von Interlaken aus einen Blick auf die furcht-erregenden Eisfelder der Jungfrau zu werfen. Die Mutigeren riskierten gar den Ritt nach Grindelwald, um Gletscher und Gipfel aus nächster Nähe betrachten zu können.

Schriftsteller und Dichter waren begeistert von der Monumentalität der Natur, Maler versuchten, ihr in Formen und Farben gerecht zu werden, und Musiker ließen sich von der grandiosen Umgebung inspirieren.

Die Zufahrtsstraße von Bern führt über Thun, Spiez und Interlaken; von ihr gehen kleinere Straßen ab in die berühm-

ten Täler wie Simmen-, Kander- oder Lütschinental.

Thun ist ein altes Städtchen mit thronender Burg in stimmungsvoller Umgebung am Thunersee gelegen. Die Burg wurde vom Gründer Berns, dem Herzog von Zähringen, 1190 begonnen und dient heute als Historisches Museum.

Spiez, malerisches Hafenstädtchen am Thunersee, erfreut sich bei Seglern großer Beliebtheit. Das Klima ist so mild, daß an den Hängen Weinreben gedeihen. Hier beginnt die Straße zum berühm-

Alpen-Geschichte: Alphorn und Kabinenlift in Koexistenz ...

Alpwirtschaft ist mühevoll, doch scheint dieses Leben zu beglücken.

ten Urlaubsort **Gstaad** im Simmental. Ruhiger geht es in den ebenfalls von Spiez zu erreichenden ADELBODEN und KANDERSTEG zu.

Interlaken, zwischen dem Brienzer- und dem Thunersee am Eingang zum Lütschinental gelegen, ist einer der ältesten Klimakurorte. Vom früheren

Glanz zeugen die Fassaden der vornehmen Hotels.

Von Interlaken klettert die Straße durch das wasserfallreiche Lütschinental nach Lauterbrunnen. Etwas außerhalb des Ortes können Sie die Staubbachfälle bewundern, die Goethe zum *Gesang der Geister über den Wassern* anregten. Das Wasser fällt wie ein Staubschleier über eine 300 m hohe Felswand herunter.

Mürren, der autofreie Luftkurort in 1645 m Höhe, ist Zwi-

schenstation der Bahn auf das **Schilthorn** (von Stechelberg), die zum sich drehenden Restaurant in schönster Aussichtslage auf 2970 m führt!

Wengen erreichen Sie mit einer Zahnradbahn von Lauterbrunnen. Auch dieser Ort ist den Fußgängern vorbehalten. Der beliebte Wintersportplatz liegt inmitten von Wiesen und Wäldern auf 1400 m Höhe.

Von der **Kleinen Scheidegg** (2060 m) genießen Sie einen herrlichen Blick über Alpwiesen auf Eiger, Mönch und Jungfrau.

Die Scheidegg ist Ausgangspunkt der Bahn auf das **Jungfraujoch,** die zum großen Teil unterirdisch zur höchstgelegenen Bahnstation Europas (3454 m) führt. Auf der Fahrt bieten sich Ausblicke auf die Eigernordwand, die Voralpen und die Gletscher. Das Berg- und Gletscherpanorama vom Restaurant der Jungfraujoch-Station umfaßt auch den mit 20 km längsten Alpenglet- **61** scher, den Aletschgletscher.

Grindelwald ist der größte Luftkurort im Berner Oberland und der Nähe der Gletscher wegen als Gletscherdorf bekannt. Die berühmte Kletterschule zieht Bergsteiger aus der ganzen Welt an. Der Verkehrsverein organisiert Bergwanderungen zu den Gletschern sowie Wild- und Naturbeobachtungen.

Hüten Sie sich als unerfahrener Berggänger vor Touren im Alleingang, und denken Sie daran, daß in der Schweiz viele Alpenblumen geschützt sind.

Am fernen Ufer des Brienzersees liegt **Brienz,** bekannt für seine Holzschnitzereien. Eine lohnende Fortsetzung des Ausflugs führt mit einer nostalgischen Dampfeisenbahn auf das **Brienzer Rothorn** (2380 m).

Am oberen Ende der **Aareschlucht,** 20 km von Brienz, liegt **Meiringen,** bei Bergsteigern und Kletterern wohlbekannt als Ausgangsort für Rosenlaui und Engelhörner.

Oberwallis

Am Südhang der Berner Alpen, zwischen Genfersee und Tessin, liegt der Kanton Wallis. Er umfaßt einen Teil des Rhonetals und zu dessen beiden Seiten eine phantastische Berg- und Gletscherwelt.

Im mehrheitlich französischsprachigen Kanton Wallis ist Deutsch nur im Oberwallis Amtssprache.* Eine Paßstraße führt von Meiringen über den 2060 m hohen Grimselpaß ins Oberwallis. Auf der Fahrt hinunter kommt links der **Rhonegletscher** in Sicht.

Weniger abenteuerlich ist es, das Auto in Kandersteg für die Fahrt durch den Lötschberg-Eisenbahntunnel zu verladen (siehe S. 106). Im Zielort **Brig** sollten Sie Zeit für den Besuch des **Stockalper-Palasts** einräumen. Kaspar Jodok Stockalper, der im 17. Jh. das Monopol des Simplonhandels besaß, ließ seinen Palast in 20jähriger Bauzeit hochziehen.

Aushängeschild des Wallis ist **Zermatt** mit dem 4478 m hohen Matterhorn. Inmitten von mehreren über 4000 m hohen Gipfeln gelegen, bietet Zermatt zwischen 2500 und 3500 m auf über 120 km Pisten fast das ganze Jahr hindurch Skifreuden.

Im zweiten Arm des Vispertals liegt das ruhigere Saas-Fee, ebenfalls ein beliebter, autofreier Sommer- und Winterurlaubsort. Skipisten gibt es in allen Schwierigkeitsgraden.

---

* Mehr über das gesamte Wallis erfahren Sie aus dem Berlitz Reiseführer Westschweiz.

Luzern

(67 000 Einwohner)

Luzern ist Komplimente gewohnt. Seit Jahrhunderten wird die Stadt am Vierwaldstättersee nur in Superlativen beschrieben. Ihr Name soll, vom lateinischen *lucere* abgeleitet, »Leuchtenstadt« bedeuten, und sie tut alles, um diesem Namen gerecht zu werden – besonders an einem klaren Föhntag.

Dann leuchten sie wirklich, die alten Häuser, Türme, Brücken und Kirchen der Stadt an der Reuß, die hier den See verläßt. Die sanft aufsteigenden Wiesen und Wälder an den Seeufern werden bisweilen von steil abfallenden Felswänden unterbrochen. Und die klare Luft rückt selbst die fernen Berge mit den glitzernden Schneefeldern näher ins Bild.

Vor über 1000 Jahren war Luzern ein Fischerdorf unter dem Kloster Im Hof, das sich seinerseits im Besitz des elsässischen Klosters Murbach befand. 1178 wurde die Stadt gegründet, die sich bald zum wohlhabenden Marktflecken entwickelte.

Mit der Erschließung der Gotthardroute im 13. Jh. nahm Luzerns Bedeutung rasch zu. 1291 wurde der Ort vom Kloster Murbach an die Habsbur-

ger verkauft, und Luzern sah zu Recht seine bisherige relative Unabhängigkeit bedroht. Die Beziehungen zu den drei Urkantonen führten 1332 zum Eintritt in den Bund. Endgültig von der habsburgischen Herrschaft befreiten sich die Luzerner durch den Sieg bei Sempach im Jahre 1386.

Die Unabhängigkeit brachte Reichtum. Die siegreichen Soldaten wurden als Söldner in fremde Heere geschickt, und man bezahlte gut für sie. Durch diesen Handel entstand eine reiche Patrizierklasse, die im 17. und 18. Jh. den Höhepunkt ihrer Macht erreichte.

Die Berge waren nicht von jeher Anziehungspunkt für Wanderer und Naturliebhaber. Im Mittelalter galten ihre oft von Wolken verhüllten Gipfel als Sitz von Untieren und Dämonen. Entdeckt wurden sie zuerst von Naturforschern, Malern und Dichtern. Damit begann im 19. Jh. ein neuer Abschnitt in der Geschichte von Luzern.

Obwohl die Jahr für Jahr steigende Zahl der Naturliebhaber weniger Städte als Berge, Seen, Sonne und Schnee sehen wollten, bot sich die Stadt im »Herzen« der Schweiz – Gründungsgeschichte und -ort der Eidgenossenschaft waren durch Schillers *Wilhelm Tell* in **63** romantisierter Form weit über die Grenzen hinaus bekannt geworden – als idealer Ausgangspunkt an. Nach und nach entstanden die prächtigen Grandhotels dem Seeufer entlang, hier traf sich die Creme der europäischen Gesellschaft. 1893 war Kaiser Wilhelm II. auf Besuch. Richard Wagner lebte 6 Jahre in Luzern (siehe S. 86), von dessen Schönheit er überwältigt war. Er komponierte hier unter anderem Teile der Opern *Die Meistersinger* und *Götterdämmerung*.

⚑ Rundgang

Beginnen Sie Ihren Rundgang am Bahnhof. Von dort haben Sie auch gleich einen umfassenden Blick auf den See, die Berge, die Reuss, die Brücken, die vornehmen Hotels und die turmbewehrte Silhouette der Stadt.

Am linken Reussufer erreichen Sie bald die **Kapellbrücke,** eine der ältesten Holzbrücken Europas (um 1330). Die dreieckigen Holztafeln im offenen Dachstuhl stellen, im Stil der Spätrenaissance gemalt, Episoden aus der Geschichte der Eidgenossenschaft und dem Leben der Stadtpatrone dar. Der mit der Holzbrücke verbundene achteckige **Wasserturm** mit dem pyramidenförmigen Dach, das ein-

stige Stadtgefängnis, ist heute ihr bekanntestes Wahrzeichen.

Etwas weiter flußabwärts am linken Ufer sehen Sie die italienisch anmutende Barockfassade der **Jesuitenkirche** (um 1670). Als einer der ersten Barockbauten in der Schweiz ist sie zugleich einer der schönsten. Lassen Sie sich vom prachtvollen, harmonischen Innenraum überraschen.

Nur wenige Schritte weiter stehen Sie vor dem **Ritterschen Palast** (heute Kantonales Re-

gierungsgebäude). Im Stil der florentinischen Renaissance erbaut, setzt er einen neuen Akzent. Besonders schön sind der Säuleninnenhof und das Treppenhaus.

Der Bahnhofstraße folgend, erreichen Sie nun die **Franziskanerkirche,** deren Einfachheit einen reizvollen Kontrast zur Pracht von Barock und Renaissance bildet. Ursprünglich (um 1300) ein Werk der Hochgotik, später mehrmals verändert, beherbergt sie ein reich verziertes Chorgestühl und eine manieristische Kanzel von 1628.

Über einige Gäßchen mit alten und neuen Häusern erreichen Sie wieder das Ufer der Reuss, die Sie auf der **Spreuerbrücke** überqueren. Diese zweite Holzbrücke aus dem 15. Jh. schmücken bemalte Holztafeln mit einem *Totentanz* von 1625–32.

Luzerns Kapellbrücke – Europas älteste Holzbrücke – schmücken 108 Bildtafeln.

Vom Mühlenplatz ist der nahe, die Stadt beherrschende Hügel Gütsch mit dem schloßähnlichen Hotel gut zu sehen. Vom Gipfel (519 m) geht der **Blick** über die ganze Stadt, den See und die Berge (vom Bahnhof Bus Nr. 2, Haltestelle Gütsch).

Durch die Kramgasse und das Metzgerrainle erreichen Sie den **Wein-** oder **Fischmarkt.** Dieser ehemalige Hauptplatz der Stadt wird schon um 1300 erwähnt. Seit 1480 fanden hier zur Osterzeit die Mysterienspiele statt, die oft mehrere Tage dauerten. Auch heute werden im Sommer ab und zu Freilichtspiele aufgeführt, zu denen die reich bemalten mittelalterlichen Fassaden eine stimmungsvolle Kulisse bilden.

Das Original des Weinmarktbrunnens befindet sich heute im Säulenhof des Ritterschen Palastes, doch gibt auch die Kopie einen guten Eindruck davon, wie der Platz vor 500 Jahren ausgesehen haben mag. Wenn im Wasserspeicher eine Flagge steckte, bedeutete dies, daß Krieg ausgebrochen war.

Der nächste Platz, der Kornmarkt, wird vom **Rathaus** beherrscht. Der oberitalienisch beeinflußte Bau von 1602–04 gehört zu den bedeutendsten Renaissancebauwerken der Schweiz. Der mittelalterliche Turm wurde von einem Vorgängerbau übernommen. Im Rathaus kommt der Stadtrat zusammen, in einem der Prunkräume werden Hochzeitspaare getraut und in der Kornschütte rechts des Hauptportals Ausstellungen veranstaltet.

Die breite Treppe führt zum Reussufer, wo am Freitag »unter der Egg« (den Arkaden) Fischmarkt, am Samstag Gemüsemarkt abgehalten wird.

Vom Kornmarkt gehen Sie durch die Kornmarktgasse zum **Hirschenplatz.** Hier fallen das reich verzierte Schild des Gasthofs zum Hirschen auf sowie die gotische Erkerfassade des Göldlin-Hauses aus dem 16. Jh.

Widerstehen sie vorerst den Geschäftsauslagen links und rechts, und steigen Sie durch die Mariahilfgasse am ehemaligen Kloster Mariahilf vorbei zur **Museggmauer** hinauf. Die 870 m lange ehemalige Stadtmauer mit den 9 Türmen ist eine der besterhaltenen Stadtbefestigungen des Mittelalters in Europa. Im Sommer können **Schirmer-** und **Zytturm** besucht und ein Stück des Mauerwehrgangs abgegangen werden.

Ein kurzer Spaziergang

bringt Sie über Museum- und Löwenplatz zum **Löwendenkmal.** Der sterbende steinerne Löwe wurde vom Dänen Bertel Thorvaldsen entworfen und 1821 ausgeführt. Das Monument entstand zu Ehren jener Schweizer Söldner, die 1792 während des Sturms auf die Pariser Tuilerien im Kampf fielen.

In der Nähe befindet sich der **Gletschergarten** mit stummen, aber anschaulichen Zeugen aus der fernen Vergangenheit: Versteinerungen, Gletschermühlen und Findlinge.

Am Löwenplatz steht das **Panorama** mit einem einmaligen Rundgemälde, an dem unter anderen auch der junge Ferdinand Hodler gearbeitet hat (1889). Es stellt die Bourbaki-Armee dar, die im Deutsch-Französischen Krieg 1870/71 in der Schweiz Aufnahme fand.

Richtung See sind die bei-

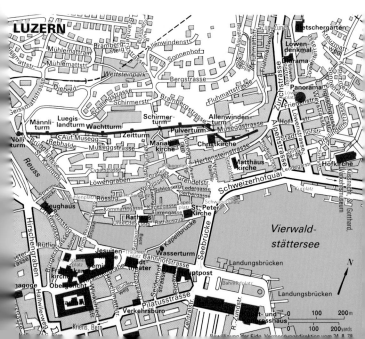

den Türme der **Hofkirche** sichtbar. An der gleichen Stelle war im 8. Jh. das Benediktinerkloster Im Hof gegründet worden. Die heutige Stiftskirche stammt aus dem 17. Jh., die Türme aus dem 14. Jh. wurden beim Neubau übernommen. Der reich ausgestattete Innenraum ist einer der schönsten Kirchenräume der Spätrenaissance in der Schweiz. Bemerkenswert sind das Chorgestühl (1639–42) und das Chorgitter (1643). Die Orgel mit den fast 5000 Pfeifen ist weiterum berühmt. Um die Kirche zieht sich eine Säulenhalle toskanischen Stils.

Am Schweizerhofquai entlang gelangen Sie Richtung Seebrücke zum **Schwanenplatz**, einem belebten Geschäftszentrum. Rechter Hand am Reussufer sehen Sie das Haus zur Gilgen aus dem 15. Jh. mit einem schönen Rundturm. Gleich dahinter, am **Kapellplatz**, steht als älteste Kirche innerhalb der Stadtmauern die 800jährige Peterskapelle. Der Platz ist von mehreren schönen Wohnhäusern aus dem 18. Jh. umgeben, darunter das Haus Zelger (Nr. 2) und das Haus Schwytzer von Buonas (Nr. 3). Sehenswert ist auch der kleine Renaissance-Palazzo **Am Rhyn** (Furrengasse 21).

Der See...

Am reizvollsten läßt sich die Zentralschweiz im Sommer auf einer Dampferfahrt kennenlernen. Zwischen Mai und September befahren mehrere Raddampfer den Vierwaldstättersee in allen Richtungen.

Die Landschaft sieht aus wie aus einem Bilderbuch. Die Hänge des Pilatus gehen über in saftige Wiesen. die waldigen Ausläufer der Voralpen werden überragt von den Schneefeldern der fernen Hochalpen.

Hinter MEGGEN am linken Seeufer biegt der Arm des **Küssnachtersees** nach Norden ab, umgeben von Wiesen, Obstgärten und behäbigen Bauernhäusern.

Der Uferstreifen von HERTENSTEIN bis Brunnen ist klimatisch so mild, daß selbst subtropische Pflanzen gedeihen. Dörfer und einzelne Villen liegen inmitten von üppigen Gärten. Die Rigi, einer der berühmtesten Berge, viel bestiegen und viel gemalt, bildet den Hintergrund dieser einladenden Uferlandschaft. Bahnen von WEGGIS oder VITZNAU führen auf den Gipfel.

Am gegenüberliegenden Ufer fällt der **Bürgenstock** steil in den See ab. Im vornehmen Hotel steigen gern Filmstars und andere Berühmtheiten des Jet-set ab.

Nach der Enge zwischen Rigi und Bürgenstock liegt linker Hand **Gersau.** Das Städtchen war bis 1798 kleinste unabhängige Republik Europas und trat erst 1817 dem Kanton Schwyz bei.

Von BRUNNEN 5 km landeinwärts können Sie **Schwyz,** den Hauptort des gleichnamigen Kantons, besuchen, dessen Name und Wappen für das ganze Land übernommen wurden. Das etwas verschlafene Städtchen besitzt am barocken Dorfplatz eine reich verzierte Pfarrkirche und das Rathaus aus dem 17. Jh., dessen Fassaden 1891 bemalt wurden, sowie hübsche Gassen mit prächtigen Herrenhäusern. Im modernen Bau des Bundesarchivs werden unter anderem die beiden ältesten Bundesbriefe von 1291 und 1315 aufbewahrt.

Nach Brunnen ragt der 28 m hohe **Schillerstein** empor, ein natürlicher Fels, der nach dem Dichter des *Wilhelm Tell* benannt wurde.

Am gleichen Ufer ist die **Rütliwiese,** der Überlieferung nach Geburtsort der Schweiz (siehe S. 17). General Henri Guisan berief hier 1940 eine Versammlung der höchsten Offiziere ein, um an historischer Stelle zu bekräftigen, daß die Schweizer Grenzen mit allen Mitteln verteidigt würden.

Die Heldensage von Wilhelm Tell

Als die Landvögte der Habsburger um 1300 ihre unbarmherzige Willkür auf die Spitze trieben, hatten sie das Vertrauen ihrer Untertanen längst vertan. Die Sage erzählt, daß der Urner Bauer Tell mit seinem Sohn einst Altdorf besuchte und erhobenen Hauptes an dem auf eine Stange gesteckten Hut des Landvogts Gessler vorüberging. Jener hatte aber befohlen, jeder müsse vor dem Hut als des Vogtes Stellvertreter sein Knie beugen. So zwang Gessler Tell, zur Strafe einen Apfel vom Kopf seines Sohnes zu schießen. Der Schuß gelang, doch hatte Tell einen zweiten Pfeil in den Köcher gesteckt, und Gessler vermutete zu Recht, daß dieser ihm selbst hätte gelten sollen.

Tell wurde deshalb in Fesseln abgeführt und mit dem Boot über den Urnersee Richtung Küssnacht gefahren. Ein heftiger Föhnsturm brachte das Boot in Gefahr, und Tell wurde losgebunden, um die Insassen in Sicherheit zu bringen. Er steuerte das Ufer an und sprang an der Stelle der heutigen Tellskapelle an Land. Da er wußte, daß Gessler nach Küssnacht unterwegs war, erwartete er ihn in der Hohlen Gasse und brachte ihn um.

Mythischer Ort – am Vierwaldstättersee fing alles an.

Der **Urnersee,** Südzipfel des Vierwaldstättersees, ist der romantischste und zugleich, wegen seiner Föhnstürme, der gefährlichste Teil.

70   Am linken Ufer sehen Sie die **Tellskapelle** an der Stelle, an der Tell sich aus dem Boot des Landvogts geschwungen haben soll.

Bei **Flüelen** haben Sie das Ende des Sees erreicht. Hier wurden einst die Maultiere für die Gotthardüberquerung beladen. 3 km entfernt liegt **Altdorf,** Hauptort des Kantons Uri.

...und die Berge

Der **Pilatus** ist das natürliche Wahrzeichen von Luzern. 1555 wurde der 2129 m hohe Doppelgipfel zum erstenmal vom Zürcher Naturforscher Conrad Gessner bestiegen, damals ein wagemutiges Unternehmen, war man doch immer noch überzeugt, daß auf den Bergen Dämonen und Gespenster ihr Unwesen trieben. Im 19. Jh. geriet Bergsteigen zur Mode, und 1856 stand das erste Bergrestaurant auf dem Pilatus.

Eine sehr empfehlenswerte Rundfahrt führt mit Eisenbahn oder Schiff nach **Alpnachstad**, von dort mit der steilsten Zahnradbahn der

Welt auf den Pilatus und mit der Luftseilbahn zurück nach Kriens; von dort mit Bus Nr. 1 zum Bahnhof Luzern.

Rigi. Einer der berühmtesten Aussichtsberge der Zentralschweiz, von dem Sie bei klarer Sicht berühmte Gipfel der Walliser und Berner Alpen sehen. Die Rigi war bereits im 19. Jh. beliebtestes Touristenausflugsziel, und 1812 entstanden die ersten Hotels. Auf den 1797 m hohen Gipfel führen drei Bahnen (Zahnradbahnen von Vitznau und Goldau, Luftseilbahn von Weggis).

Titlis. Dieser mit 3239 m höchste Gipfel der Zentralschweiz ist heute für jedermann zu erreichen. Eine rund 30 km lange Fahrt führt von Luzern nach dem bekannten Luftkurort ENGELBERG (1050 m). Von dort geht's mit Zahnrad- und Luftseilbahn über den Titlisgletscher auf 3020 m Höhe. Im Winter können Skifahrer nach Engelberg abfahren, im Sommer ist ein Sommerskilift in Betrieb.

Pässe

Wer auf Paßfahrten die Aussicht genießen will, sollte mit den Postautobussen (siehe S. 119) reisen und das eigene Auto im Tal stehenlassen.

Von Luzern führt eine eintägige Rundfahrt am Vierwald-

stättersee entlang Richtung Gotthard und überquert in großer Nähe des Steingletschers den **Sustenpaß** (2224 m). Nach Meiringen folgt der **Brünigpaß** (1008 m), und der Rückweg führt durch das seenreiche, fruchtbare Sarnertal.

Weiter südlich warten die Pässe **Furka** (2431 m) und **Grimsel** (2165 m) – auf 65 km teilweise sehr enge und steile Kurven – mit atemraubenden Ausblicken.

Auf den 2106 m hohen St. Gotthard stieg schon Goethe, um ins südliche Tessin hinabzublicken. Auf der Anfahrt durchqueren Sie zuerst **Göschenen** und dann, noch vor Andermatt, laufen die Talwände in den **Schöllenen** immer näher aufeinander zu. Die verwegene **Teufelsbrücke** über dem reißenden Bergbach ist gar nicht so alt wie man annehmen könnte, sie entstand im vergangenen Jahrhundert; die Brücke hingegen, über die die Straße führt, ist keine 30 Jahre alt.

Tessin *(Ticino)*

Die Abwechslung eines Besuchs im Tessin mit seiner subtropischen Vegetation und italienischen Atmosphäre ist sicher willkommen.

Die Paßstraße taucht auf der Gotthardsüdseite in enge, felsige Schluchten und schlängelt sich den Seen entgegen, vorbei an Weingärten, steinernen Häusern, Brücken und Burgen. Am Ende warten die Boutiquen von BELLINZONA, LUGANO und LOCARNO auf Kaufwillige. Reicht die Zeit, so wird Sie eine Schiffahrt auf dem **Langensee** begeistern.

Einsiedeln

Etwa eine Autostunde von Luzern oder Zürich entfernt befindet sich die einzigartige **Benediktinerabtei** Einsiedeln. Die prachtvolle barocke An-

Einsiedeln zählt zu den großen und traditionsreichen Abteien.

lage dominiert die gesamte Umgebung.

Vor 1100 Jahren lebte an dieser Stelle der Einsiedler Meinrad und wurde von Räubern erschlagen. Ihm zum Gedenken errichteten seine Mitbrüder bereits 100 Jahre später ein Kloster, dessen erste Blütezeit ins 11. und 12. Jh. fiel. Der heutige Bau stammt aus der Zeit des zweiten Auflebens im 17. und 18. Jh. Der barocke Innenraum ist in Gold und Weiß reich verziert. Die Statue der **Schwarzen Madonna** aus dem 15. Jh. ist bis heute Ziel vieler Pilger.

Mit 100 Mönchen und 50 Laienbrüdern ist Einsiedeln eines der größten Benediktinerklöster. Die Angehörigen des Klosters sind in den verschiedensten Berufen tätig, vom Mechaniker bis zum Maurer und Bäcker. Sie unterhalten ein bedeutendes Druckereiunternehmen und eine eigene Pferdezucht.

Auf halber Strecke zwischen Zürich und Luzern führt die Hauptverkehrsstraße an **Zug** vorbei, und mancher weiß nicht, daß sich hinter den modernen Häuserblöcken eines der hübschesten mittelalterlichen Städtchen der Zentralschweiz verbirgt.

Die alten Straßen Fischmarkt, Ober- und Untergasse sind gesäumt von alten Häusern und modernen Boutiquen. Der 500jährige **Zytturm** (Uhrturm) war Teil der mittelalterlichen Stadtbefestigung. Die **Kirche St. Oswald** ist eine der sehenswertesten spätgotischen Kirchen der Schweiz.

In den einladenden Restaurants und Cafés am Ufer des Zugersees läßt sich gut essen oder Kaffee trinken. Versuchen Sie Zuger Rötel (Seesaibling) oder die berühmte Kirschtorte.

Graubünden

Wintersportler, Wanderer und Bergsteiger bekommen beim Klang dieses Namens zu Recht glänzende Augen. Graubünden – der größte Schweizer Kanton, in der südöstlichen Ecke des Landes zwischen Österreich und Italien gelegen – ist ein abwechslungsreicher Landstrich mit 150 kleinen und großen Tälern inmitten einer berückenden Bergwelt. Er ist durch gut ausgebaute Straßen und öffentliche Verkehrsmittel ausgezeichnet erschlossen, so daß jeder schöne Ausblicke von den Gipfeln genießen oder abgelegene Dörfchen und Kirchen erreichen kann.

Ein interessanter und auch praktischer Ausgangspunkt ist

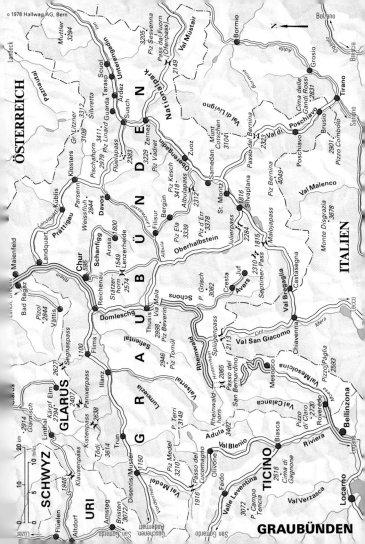

der Hauptort **Chur,** Verkehrs-knotenpunkt, historisch bedeutende Stadt und Eingangstor nach Graubünden. Von hier führt die Straße nach Westen über Flims ins Hinterrheintal und über den San Bernardino nach Süden. Über den Julier erreicht man das Engadin, andere Straßen erschließen das Prättigau mit Davos und Klosters.

Chur ist der einzige größere Ort im Kanton Graubünden, alles andere sind Bauerndörfer, Urlaubsorte, einzelne Gehöfte, grüne Weiden und Bergketten. Die Geschichte drehte sich von jeher um die Kontrolle der Paßübergänge. Und noch heute, im Zeitalter der Düsenmaschinen, sind die Pässe Graubündens wichtige europäische Nord-Süd-Verbindungen.

Vor etwa 4000 Jahren versuchten schon die damaligen Landesbewohner die Berge zu überwinden, um die fruchtbaren Täler zu nutzen. Doch ist von jener Zeit nur wenig bekannt. Deutliche Spuren hinterließen die Räter, deren Nachkommen noch heute Teile Graubündens bewohnen und Rätoromanisch sprechen, die vierte Nationalsprache der Schweiz, eine Verbindung des Rätischen mit dem von den Römern benutzten Latein.

Natürlich ließen die Römer die wichtigen Paßübergänge nicht lange in fremden Händen. Im Jahre 15 eroberten sie die rätische Hauptstadt, und nannten sie Curia nach dem lateinischen Wort für Rathaus.

Nach den Römern waren die Deutschen Kaiser an dieser Gegend nicht weniger interes-

siert. Bereits 451 wurde Chur Bischofsstadt, und die Bischöfe herrschten jahrhundertelang als geistliches und weltliches Oberhaupt. Im 15. Jh. wurde den Rätoromanen die kirchliche Herrschaft zuviel. Nach dem ersten Aufstand befreiten sie sich davon, ohne jedoch Frieden zu finden.

Das 16. und 17. Jh. brachten Aufstände und zum Teil bürgerkriegsähnliche Auseinandersetzungen. Graubünden wurde zum Spielball im Interessenskonflikt Frankreichs,

St. Moritz und das Oberengadin sind beliebtes Ferienziel.

Venedigs und Österreichs. 1803 schloß sich der Kanton der Eidgenossenschaft an.

In Chur sind zwei Rundgänge durch die Altstadt mit grünen und roten Fußabdrükken bezeichnet, die an den schönsten Sehenswürdigkeiten vorbeiführen.

Zentrum der alten Stadt ist der **Hof** auf dem Hügel an der Stelle des ehemaligen römischen Kastells. Sie erreichen ihn über mittelalterliche Gäßchen und einige Treppenstufen. Der stille Platz ist umgeben von prachtvollen Bauten aus mehreren Jahrhunderten. Das barocke **Bischöfliche Schloß,** ein unregelmäßiger Gebäudekomplex, entstand in mehreren Phasen im 17. und 18. Jh.

Am gleichen Platz erhebt sich die wuchtige **Kathedrale St. Mariä Himmelfahrt.** Zierde der Fassade ist das romanische Hauptportal aus dem 12. Jh. Die Kirche, deren verzogener Grundriß im Innern leicht erkennbar ist, besitzt eine hervorragende Ausstattung. Besonders zu erwähnen sind die Apostelsäulen im Choraufgang (um 1200), die Kapitelle im Chorbogen (um 1200) und der bedeutende spätgotische Schnitzaltar aus dem 15. Jh.

Wenige Kilometer von Chur entfernt liegt das Städtchen **Maienfeld** mit seinen herrschaftlichen Patrizierhäusern inmitten von Weinbergen. Der hier gezogene leichte Rotwein läßt sich in den »heimeligen« Gasthäusern herrlich probieren.

Ein weiterer Ausflug, den Sie nicht vergessen werden, führt Sie zu dem in über 1800 m Höhe gelegenen **Arosa,** dritter Ort im Bunde mit St. Moritz und Davos!

Westwärts bis Disentis

Diese Strecke folgt dem Hauptquellfluß des Rheins, dem Vorderrhein, bis zur Quelle in der Nähe des Oberalppasses, der nach Andermatt in der Zentralschweiz führt.

In **Reichenau** fließen Vorder- und Hinterrhein zusammen. Dann steigt die Straße nach **Flims.** Dieses bekannte Wintersportgebiet liegt auf einem Felsplateau über dem Vorderrheintal, umgeben von Fichtenwäldern und mehreren Bergseen.

Laax ist kleiner als Flims, doch als Urlaubsort im Kommen. Interesse verdienen die Barockkirche und einige hübsche Holzhäuser aus dem 19. Jh.

Ilanz nennt sich stolz »die erste Stadt am Rhein« und führt den Rhein auch im Wappen. Die vielen sehenswerten

Zeugen aus der 1200jährigen Geschichte des Ortes lohnen einen Besuch.

Etwas abseits von der Hauptstraße sind in der Kirche von **Waltensburg** hervorragende Wandmalereien des Waltensburger Meisters sowie östlich des Dorfes die Burgruine Jörgensberg zu besichtigen.

In **Trun** steht der Disentiser Hof aus dem 17. Jh., ehemals Sitz der Graubündner Bundesversammlungen und Wohnung der Disentiser Äbte. Die fast vollständig ausgemalte **Wallfahrtskirche St. Maria Licht** entstand im 17. Jh.; sehr schön ist auch die Pfarrkirche St. Martin mit dem romanischen Turm.

Das Dorfbild von **Disentis** wird beherrscht von der Benediktinerabtei St. Martin mit der Doppelturmfassade. Das Kloster wurde vor 1200 Jahren über dem Grab des Einsiedler Sigisbert und Plazidus gegründet, und während des Mittelalters kontrollierten die mächtigen Äbte die Verbindungen über den Lukmanier- und den Oberalppaß. Nach der Zerstörung durch die Sarazenen (940) wurde das Kloster von den Sachsenkaisern unterstützt. Die heutige Anlage entstand hauptsächlich im 18. Jh. und besitzt wertvolle Schätze

aus dem Barock. In Disentis steht auch eine der größten Barockkirchen der Schweiz, St. Johannis Baptist, mit einem schönen spätgotischen Flügelaltar.

Der **Oberalppaß** (2044 m) wurde bereits von den Römern als regelmäßige Verbindung über die Alpen benutzt. Die gut ausgebaute Straße führt nach Andermatt.

Der San-Bernardino-Paß

Die Strecke von Chur über die N 13 in den Kanton Tessin ist einzigartig in jeder Hinsicht. Steile Hänge mit Ruinen einst wehrhafter Burgen und Schlösser, tief eingeschnittene Schluchten, kleine Dörfer und winzige Äcker und Weiden säumen die Straße, die ihrerseits eine bautechnische Meisterleistung ist.

Besuchen Sie in RHÄZÜNS die **Kirche St. Georg** auf dem waldigen Hügel (der Schlüssel ist am Bahnhof erhältlich), zu der ein 20minütiger Spaziergang führt. Sie ist vollständig mit Fresken des Waltensburger Meisters aus dem 14. Jh. ausgemalt. Die Kirche soll errichtet worden sein, weil der hl. Georg an dieser Stelle mit seinem Pferd auf der Flucht vor heidnischen Verfolgern den Rhein übersprang.

Ein unvergleichliches Landschaftserlebnis stellt die Via Mala dar, die zum kleinen Ort **Zillis** führende Schlucht. Die Kirche St. Martin besitzt die älteste mit Figuren bemalte Holzdecke Europas (um 1150); die 153 Felder stellen hauptsächlich Szenen aus dem Neuen Testament dar.

Unter den vielen mit Sgraffiti verzierten Häusern im Graubünden ist das **Haus Pedrun** in ANDEER das reichste (16. Jh.). Auch das übrige Dorf ist sehenswert, ebenso das ein-

ige Kilometer weiter liegende SPLÜGEN.

Nach dem San-Bernardino-Tunnel – auch die alte Paßstraße ist noch befahrbar – folgt als erster größerer Ort MESOCCO. Hier wird Italienisch gesprochen. Besonders sehenswert sind die **Kirchen** Santa Maria del Castello (um 1100) mit Fresken aus dem 15.

Ein Wintermärchen. Bei Minus 15 leise knirschend durch den Schnee.

Jh. und Santi Pietro e Paolo (17./18. Jh.) mit schöner Aussicht sowie die massive Burganlage auf einem Felsklotz über dem Tal.

⚔ Julierpaß – Engadin – Prättigau

Diese Rundstrecke führt an vielen berühmten Sommer- und Wintersportorten wie Lenzerheide, St. Moritz, Pontresina, Davos und Klosters vorbei, doch sollten Sie auch die weniger bekannten, dafür noch unverfälschten Dörfer besuchen.

Reichverzierte Kirchen und abgelegene Kapellen, die berühmten sgraffitogeschmückten Engadiner Steinhäuser mit den Blumenkästen hinter zierlich geschmiedeten Fenstergittern und die Häusergruppen, die sich an die Berghänge schmiegen, machen den Reiz dieser Gegend aus.

Einige Minuten hinter Chur erreichen Sie CHURWALDEN mit der ehemaligen **Klosterkirche** St. Maria und Michael. Sehenswert sind der massive Glockenturm, Wandmalereien aus dem 14. Jh. und der 500-jährige geschnitzte Flügelaltar.

Etwas abseits der Hauptstraße bei TIEFENCASTEL liegt **Alvaschein.** Fragen Sie hier nach der Kirche St. Peter in Mistail. Diese älteste und am besten erhaltene karolingische Kirche der Schweiz (8. Jh.) liegt halb verborgen im waldigen Hang.

Auf dem **Julierpaß** (2284 m) erinnern Säulenreste auf beiden Straßenseiten daran, daß schon die Römer diesen Übergang häufig benutzten.

Auf der Fahrt nach **Silvaplana** bieten sich herrliche Ausblicke auf das Berninamassiv (4049 m) und die Bergseen des Oberengadin. Über Silvaplana erhebt sich der Piz Corvatsch, rechter Hand liegt SILS-MARIA, jener Ort, in dem Nietzsche *Also sprach Zarathustra* schrieb. In größerer Entfernung ist MALOJA auszumachen, von dort taucht die Straße unvermittelt in das ursprüngliche **Bergell,** ein Tip für Individualisten.

Nach links sehen Sie **St. Moritz.** Der wohl berühmteste Wintersportort Europas ist unterteilt in »Bad« und »Dorf«, doch längst haben vornehme Hotels die dörfliche Atmosphäre abgelöst. Besonders Mutige versuchen, auf dem Skeleton oder Bob heil über die weltberühmte, berüchtigte Cresta hinunterzusausen.

Ob Golf oder Wasserski, im Sommer stehen dem Besucher praktisch sämtliche Sportarten offen. Seilbahnen führen in schwindelerregende Höhen über Wiesen, Wälder und Berghänge.

CELERINA teilt die Annehmlichkeiten des touristischen Angebots mit seinem berühmteren Nachbarort, PONTRESINA, ist jedoch reizvolles Dorf geblieben.

Bei LA PUNT zweigt die Straße über den **Albulapaß** (2312 m) nach BERGÜN ab. Über diese Strecke führt die **Albulabahn,** die die Verbindung von Chur ins Engadin herstellt; die herrliche Landschaft macht die Fahrt zu einem Erlebnis. Wer an außergewöhnlichen Bahnfahrten Spaß hat, sollte einen Ausflug mit der steilsten Bahn (ohne Zahnrad) Europas, der **Berninabahn,** über Pontresina nach POSCHIAVO nicht versäumen.

Hauptort des Oberengadins mit prachtvollen Bauern- und Patrizierhäusern ist **Zuoz.**

Von ZERNEZ aus können Sie den **Nationalpark** (169 km²) besuchen, eine wildromantische Landschaft, in der die Natur sich selbst überlassen wird. Ebenfalls von Zernez geht die Straße über den Fuorn oder OFENPASS (2149 m) nach Santa Maria im Münstertal ab, die ein Stück durch den Nationalpark führt. In Santa Maria steht das **Kloster St. Johannes Baptist,** eine turmbewehrte Benediktinerinnenabtei aus der

Zeit um 1000 mit einzigartigen karolingischen Fresken.

Im engeren Unterengadin, das bei Zernez beginnt, sind **Guarda** und **Ardez** unter den vielen reizvollen Dörfchen die beiden schönsten. Dem Inn folgend erreichen Sie bald den Badeort **Scuol-Tarasp** mit der imposanten Festung hoch über dem Tal.

Die Straße über den **Flüelapaß** (2383 m) ins Prättigau beginnt bei Susch, 6 km hinter Zernez. **Davos,** Ort der Handlung von Thomas Manns Roman *Der Zauberberg,* ist heute weniger Tuberkuloseheilstätte als berühmter Ferienort mit ausgezeichneten Sportgelegenheiten jeder Art.

Wer den prächtigen Aussichtsgipfel **Weißfluh** (2831 m) nicht zu Fuß erklimmen will, benutzt die Bahn. Der Blick über die umliegenden Berge und auf den Davoser See ist einmalig.

Das kleinere, dörfliche **Klosters** liegt im Prättigau inmitten von Tannenwäldern. Das Hotel und Restaurant Chesa Grischuna gehört zu den malerischsten Häusern mit seinen unebenen Fußböden, den niederen Decken und den Bemalungen. Mit Davos teilt Klosters fabelhafte Skipisten, von denen die Parsennabfahrt bereits legendären Ruf genießt.

Was unternehmen wir heute?

Museen

Von den vielen Museen und Kunstgalerien in der Schweiz können hier nur die wichtigsten und interessantesten aufgeführt werden.

Zürich

Das **Kunsthaus** (Heimplatz 1) besitzt eine ausgedehnte Sammlung von Werken aus dem Mittelalter bis heute. Besonders reich vertreten sind die Schweizer Maler Johann Heinrich Füssli (18. Jh.) und Alberto Giacometti (1901–66). Neben Meisterwerken von Monet, Cézanne, Van Gogh, Léger, Picasso, Kokoschka und Beckmann befindet sich hier die größte Munch-Sammlung außerhalb Skandinaviens. Öffnungszeiten: Montag 14–17 Uhr, Dienstag bis Freitag 10–21 Uhr, Samstag und Sonntag 10–17 Uhr.

Das **Schweizerische Landesmuseum** ist im historisierenden Kastell aus dem 19. Jh. neben dem Bahnhof untergebracht. Es enthält wertvolle Zeugen der Vergangenheit aus allen Gegenden der Schweiz, darunter eine 2600 Jahre alte keltische Goldschale, hervorra-gende Turmöfen und antike Möbel. Öffnungszeiten: Montag 14–17 Uhr, Dienstag bis Sonntag 10-12 und 14–17 Uhr.

Das **Museum Rietberg** (Gablerstraße 15) ist einer der vornehmsten Patrizierwohnsitze der Stadt. Als eines der bedeutendsten Museen für außereuropäische Kunst besitzt es rund 2000 Ausstellungsstücke, darunter Plastiken aus Indien, Indochina, China und Afrika sowie japanische Tuschezeichnungen und kolorierte Holzschnitte. Öffnungszeiten: Dienstag bis Sonntag 10–17 Uhr, Mittwoch auch 20–22 Uhr; Montag geschlossen.

Das **Bellerive-Museum** (Höschgasse 3) ist ebenfalls ein elegantes Palais und besitzt vor allem kunsthandwerkliche Gegenstände aus vielen Ländern. Öffnungszeiten: Dienstag bis Sonntag 10–12 und 14–17 Uhr, am Donnerstag bis 21 Uhr; Montag geschlossen.

Winterthur

Neben dem Kunstmuseum sind die **Sammlung** sowie die **Stiftung Oskar Reinhart** besonders bedeutend. Die Sammlung Am Römerholz, im ehemaligen Wohnhaus des Sammlers Oskar Reinhart untergebracht, enthält 180 Werke berühmter europäischer Meister wie Rubens, Rembrandt,

Zürcher Moderne, und mehr, im Zürcher Kunsthaus.

Brueghel, Van Gogh sowie Corot, Cézanne, Monet und anderer französischer Maler des 19. Jh. Öffnungszeiten: Dienstag bis Sonntag 10–16 Uhr; Montag geschlossen. Die Stiftung im ehemaligen Gymnasium an der Stadthausstraße besitzt unter den über 600 Werken des 18. bis 20. Jh. deutscher, österreichischer und schweizerischer Maler das berühmte Bild von C.D. Friedrich *Kreidefelsen auf Rügen.* Öffnungszeiten: Dienstag bis Sonntag 10–12 und 14–17 Uhr, Montag nur

14–17 Uhr; 1. Donnerstag des Monats auch 20–22 Uhr.

Basel

Das **Kunstmuseum** (St. Albangraben 16) gehört zu den bedeutendsten Museen Europas (siehe auch S. 43). Zu den Hauptwerken zählen Gemälde von Cranach, Holbein, Witz und anderen alten Meistern, deren Gegengewicht Vertreter der Moderne wie Picasso, Giacometti, Dali, Calder, Beuys und Jasper Johns bilden. Öffnungszeiten: Dienstag bis Sonntag 10–12 und 14–17 Uhr, Juni bis September 10–17 Uhr; Montag geschlossen.

Im **Haus zum Kirschgarten**

che Beute der Eidgenossen nach dem Sieg über Karl den Kühnen von Burgund bei Grandson (1476). Öffnungszeiten: Dienstag bis Samstag 9–12 und 14–17 Uhr, Sonntag ab 10 Uhr; Montag geschlossen.

Das **Kunstmuseum** (Hodlerstraße 12, 5 Minuten vom Hauptbahnhof) ist für seine große **Klee-Sammlung** berühmt, die über 2500 Werke umfaßt. Paul Klee, Sohn einer Schweizerin und eines Deutschen, wuchs in Bern auf. Das Kunstmuseum besitzt auch Werke von Hodler, Kandinsky, Feininger, Mondrian, Braque, Soutine, Chagall und anderen. Öffnungszeiten: Dienstag bis Sonntag 10–12 und 14–17, Dienstag auch 20–22 Uhr; Montag geschlossen.

Das **Naturhistorische Museum** (Bernastraße 15, in der Nähe des Historischen Museums) ist ein lohnendes Ziel für alle, die sich für Geologie, Zoologie – auch Mineralogie und Paläontologie – interessieren. Öffnungszeiten: täglich 9–12 und 14–17 Uhr, sonntags ab 10 Uhr.

(Elisabethenstraße 27) wird gezeigt, wie begüterte Basler im 18. Jh. lebten. Öffnungszeiten: siehe Kunstmuseum.

In der **Kunsthalle** (Steinenberg 5) finden Wechselausstellungen zeitgenössischer Kunst statt. Öffnungszeiten: siehe Kunstmuseum.

Bern

Das **Bernische Historische Museum** (Helvetiaplatz 5) ist in einem Gebäude von 1892–94 untergebracht, das aussieht wie ein Schloß aus dem 16. Jh. Ausgestellt sind Kunsthandwerk, Möbel, Waffen, Porzellanfiguren und Schmuck. Zum Interessantesten gehört die rei-

Berner Oberland

Einzigartig ist das **Freilichtmuseum Ballenberg** bei Brienz. In natürlicher Umgebung können hier die verschiedenartigen Schweizer Haustypen und ihre **85**

Einrichtungen aus allen Gegenden besichtigt werden. Erreichbar in 10 Minuten (Busdienst) vom Bahnhof Brienz. Öffnungszeiten: täglich von Juni bis Oktober 9–17 Uhr.

Luzern

Außer dem **Kunstmuseum** (am Bahnhof) mit seiner Sammlung (Hodler) ist vor allem das **Verkehrshaus der Schweiz** (Lidostraße 5) zu erwähnen, dessen alte und neue Maschinen und Verkehrsmittel Kinder und Erwachsene begeistern. Öffnungszeiten: 1. März bis 30. Nov. täglich 9–18 Uhr; übrige Monate Dienstag bis Samstag 11–16, Sonntag 10–17 Uhr.

Eine stimmungsvolle Erinnerungsstätte an den berühmten Komponisten ist das **Richard-Wagner-Museum** in der Tribschen. In seinem ehemaligen Haus mitten in einem grünen Park sind sein Flügel, Musikalien, Briefe und andere Erinnerungsgegenstände zu sehen. Öffnungszeiten: Montag bis Samstag 9–12 Uhr und 14–18 Uhr, Sonntag 10.30–12 Uhr und 14–17 Uhr; 15. Oktober bis 15. April Montag, Mittwoch, Freitag geschlossen.

Zweimal Schweiz: Sonnenhungrige im Tessin – und die Selbstverachter beim Engadiner Marathon.

Sport

Skifahren

Es lohnt sich, beim Planen eines Skiurlaubs, falls möglich, Spitzenzeiten wie Weihnachten/Neujahr, Februar und Ostern zu meiden. Sie werden weniger bezahlen und auf den Pisten mehr Platz haben. Günstige Pauschalangebote gibt es für alle Hotelklassen.

Im Dezember oder Frühjahr sind erst Höhen ab 1200 m schneesicher.

Nutzen Sie, vor allem wenn Sie mit Kindern reisen, das reichhaltige Angebot an Ferienhäuschen und -wohnungen. Wollen Sie nicht alle Mahlzeiten am gleichen Ort einnehmen, wählen Sie ein Hotel garni, in dem nur Frühstück serviert wird.

Bahnreisende können ihr Gepäck als »Passagiergut« direkt zum Zielort transportieren lassen. Skiausrüstungen können Sie in jedem Urlaubsort mieten.

Weitere Sportarten

Bergsteigen. Nur erfahrene Berggänger mit bester Ausrüstung dürfen sich ohne Führung auf Hoch- oder Klettertouren begeben. Steinschlag, Felsrutsche, Schluchten und Gletscherspalten bergen unvorhergesehene, plötzliche Gefahren. Das Wetter wechselt sehr rasch, und Gewitter, Nebel oder ein Schneesturm sind ernsthafte Gefahren für Bergsteiger. Sind Sie auf Kletterabenteuer aus, gehen Sie mit

einem Führer oder schließen Sie sich einer Kletterschule (Berner Oberland, Wallis und Graubünden) an.

Bergwandern ist eines der schönsten Vergnügen in der Schweiz, solange Sie sich an die markierten Wanderwege halten und Vorsichtsmaßnahmen (gute Wanderstiefel, Pulli, Regenschutz, Karte) einhalten.

Spazieren gehört an Sonntagen zu den Lieblingsbeschäftigungen der Schweizer Familie. Markierte Rundwege führen abseits von Verkehr und Lärm ins Grüne. Fast jeder Ort besitzt eine Übersicht über Wander- und Spazierwege.

Schwimmen. In der Schweiz ist der nächste See nie weit entfernt. An praktisch allen Ufern finden Sie ein Freibad mit den nötigen Einrichtungen. Daneben besitzt fast jeder Ort ein Hallen- oder Freibad.

Radfahren. Nicht jeder hat die nötige Kondition, um Berg- und Paßstraßen zu meistern. Es gibt aber genügend hügelige, oft markierte Radstrekken, die keine Mühe machen. Fahrräder können an Bahnhöfen gemietet werden (siehe auch S. 110).

Curling. Dieser Sport, dem Eisstockschießen ähnlich, wird von seinen Anhängern äußerst ernst genommen. Mit Hingabe fegen sie die Laufstrecke für die Granitpfannen, damit sie besser über das Eis auf das Ziel hin gleiten.

Tennis. Fast alle Urlaubsorte haben gute Tennisplätze oder -hallen. In den Städten kann es unter Umständen schwierig sein, einen Platz zu mieten. In Gstaad ziehen die Internationalen Tennismeisterschaften der Schweiz jährlich viele berühmte Spieler und fachmännische Zuschauer an.

Reiten. Es gibt zahlreiche Reitställe etwas außerhalb der Städte, und viele Ferienorte bieten Reitferien an.

Segeln. Bei gutem Wind ist es ein Vergnügen, über die Schweizer Seen zu segeln. Segelboote (auch Ruder- und Tretboote) können Sie praktisch überall mieten.

Schlittschuhlauf. Selbst in den Dörfern legt man im Winter eine Eisfläche an. Oft besteht die Möglichkeit der Schlittschuhmiete.

Schwingen. Bei diesem dem Ringen verwandten Sport wird es wohl beim Zuschauen bleiben. Doch lassen Sie sich dieses »berglerische« Volksfest nicht entgehen. In dem mit Sägemehl bestreuten Ring versuchen zwei Männer in unzerreißbaren Leinenhosen einander auf die Schultern zu werfen oder zu drücken.

Einkaufsbummel

Der Einkaufsbummel mag, des hohen Frankenkurses wegen, teuer zu stehen kommen. Über das Loch im Geldbeutel kann jedoch der Gedanke hinweghelfen, daß man sein Geld gegen gute Qualitätsware eingetauscht hat. »Schweizer Qualität« genießt bis heute einen guten Ruf, und die meisten Geschäfte bemühen sich, ihm gerecht zu werden. Die Kunden sind gewohnt, zu prüfen, was sie kaufen, und sie machen bei fehlerhafter Ware von ihrem Eintauschrecht Gebrauch. Das Verkaufspersonal ist meist höflich und vor allem in Fachgeschäften sehr gut ausgebildet und in der Lage, die Kunden zu beraten.

Schlußverkäufe finden im Januar/Februar und Juli/August statt; mit etwas Glück und Geduld kann man gute und preisgünstige Angebote entdecken.

Märkte

In vielen Städten und Dörfern werden ein- oder mehrmals in der Woche Gemüse- und Blumenmärkte abgehalten. Auf zahlreichen Flohmärkten werden Antiquitäten, Nippsachen und Gebrauchtwaren angeboten (Zürich: Bürkliplatz am Samstag von 7 bis 16 Uhr).

Wo einkaufen?

Die größte Auswahl sowohl was die Preise betrifft als auch im Angebot bieten die Geschäfte in Zürich. Warenhäuser, Geschäfte und Boutiquen an der Bahnhofstraße und in der Altstadt sind wahre Fundgruben. Diesem Angebot in Nichts nachzustehen versucht Bern, dessen Geschäfte sich hinter den grauen Laubengängen verbergen. Doch auch Basel und Luzern sowie kleinere Städte bieten Zahlreiche gute Einkaufsmöglichkeiten.

Wer auf sein Portemonnaie Rücksicht nehmen will, kauft in Supermarkt- und Warenhausketten billiger ein und be-

kommt auch dort meist gute Qualität.

Öffnungszeiten
Die meisten Geschäfte öffnen um 8 oder 8.30 Uhr und schließen um 18.30 Uhr. In Bern, Zürich und Luzern ist am Donnerstag Abendverkauf bis um 21 Uhr. Am Samstag schließen die Geschäfte um 17 Uhr, in Zürich um 16 Uhr. In Bern bleiben sie am Montagmorgen geschlossen, in Luzern und in den kleineren Orten in der Mittagszeit etwa von 12.15 bis 13.30 Uhr.

Empfehlenswert
Uhren sind der berühmteste und begehrteste Exportartikel der Schweiz. Seit 400 Jahren werden vor allem Armbanduhren hergestellt, und Schweizer Markennamen genießen Weltruf. In Fachgeschäften erhalten Sie eine Garantiebescheinigung und oft auch die Adresse einer Reparaturwerkstätte in Ihrer Heimat.

Selbstverständlich sind auch Stand- und Wanduhren in großer Auswahl – von der aufwendig verzierten Kaminuhr bis zum einfachen Reisewecker –

Ein Einkaufsbummel, vor allem in den Dörfern und auf den Märkten, macht Spaß.

erhältlich. Kuckucksuhren, ursprünglich ein Einfuhrartikel aus dem Schwarzwald, werden praktisch überall und in verschiedensten Ausführungen verkauft.

Gold- und **Silberschmuck** ist von ausgezeichneter Qualität. Um den Preis niedriger zu halten, sind die Formen oft einfach, doch wird hochkarätiges Edelmetall verwendet. Achten Sie auf die entsprechenden Stempel. Viele Juweliere führen auch wertvolle **Edelsteine** im Angebot. Verlangen Sie für ein teureres Schmuckstück mit der Rechnung immer auch eine Beschreibung. Kaufen Sie Ihren Schmuck nicht nur in den großen Geschäften an den Haupteinkaufsstraßen, sondern versuchen Sie Ihr Glück auch in den oft in der Altstadt versteckten kleinen Läden.

Ein sehr gutes Angebot besteht in der Schweiz an **Textilien.** Ob es sich um einfache bedruckte Stoffe, um Seide aus Zürich oder Stickereien und Spitzen aus St. Gallen handelt, Auswahl und Qualität sind ausgezeichnet.

Die berühmte Schweizer **Schokolade** schmeckt nirgends so gut wie in der Schweiz. Von der einfachen Tafel Milchschokolade bis zu den ausgesuchtesten und exzellent verpackten Pralinen, die sich sehr gut als kleine Aufmerksamkeit bei Einladungen eignen, ist alles zu haben.

Käse. In der Schweiz wird nicht nur der großlöchrige Schweizer Käse, der übrigens Emmentaler heißt, hergestellt. Versuchen Sie auch Appenzeller oder Greyerzer (Gruyère) und, wenn Sie sich in einem hochgelegenen Dorf aufhalten, den einheimischen Bergkäse. Auch in den Käseläden und an den Marktständen liegen so viele Käsesorten aus, daß die Wahl schwerfällt.

Zuger oder Basler **Kirsch** ist eine hochprozentige Erinnerung an den Urlaub in der Schweiz. Weitere Schnäpse werden aus Birnen, Zwetschgen (Pflümli) und Äpfeln gebrannt.

Das sogenannte **Schweizer Armeemesser** enthält bis zu 13 verschiedene Werkzeuge, darunter eine Nagelschere und eine kleine Säge. Der Name ist insofern nicht richtig, als es nie ein eigentliches Soldatenmesser gewesen ist.

Holzspielsachen gibt es in vielen Geschäften und in jeder Preislage. Manche sind so phantasievoll und anziehend gestaltet, daß auch Erwachsene nicht widerstehen können.

Andenken. Sehr schöne handgearbeitete Andenken erhalten Sie im »Heimatwerk«, dessen Verkaufsgeschäfte in vielen größeren Orten zu finden sind. Die Auswahl umfaßt Nutzgegenstände und Nippsachen, Spielsachen und wertvolles Kunsthandwerk, Keramikgeschirr und handbedruckte Stoffe. Natürlich gibt es auch Trachtenpuppen, Musikdosen mit Volksmusik, Holzmasken, bestickte Trachtenhemden und -blusen. Schallplatten mit Volksmusik und Jodlern erhalten Sie im Plattengeschäft.

Unterhaltung

Die Schweiz ist nicht gerade eine Hochburg des Nachtlebens, doch ist in Städten wie Zürich oder Luzern, in St. Moritz, Davos und Zermatt in **Nachtklubs** und **Diskotheken** immer etwas los. Andere Unterhaltungsangebote für die Zeit nach dem Abendessen sind an vielen Orten vorhanden.

Theater. Ähnlich wie in Deutschland und Österreich werden vor allem alte und moderne Klassiker aufgeführt, jedoch manchmal auch Experimente gewagt. Die bekanntesten Theater sind das Schauspielhaus Zürich und das neue Theater in Basel. Interessant sind auch die Kleintheater, besonders aber die Kellertheater in Bern. In manchen Dörfern bringen Laiengruppen Dorfkomödien mit viel Humor auf die Bühne – was meist mit einem Volksfest endet.

Oper. Im Opernhaus Zürich sind manchmal hervorragende Inszenierungen zu sehen. Opernaufführungen finden jedoch auch in Basel, Bern, Luzern und St. Gallen statt.

Konzert. Zentren des Musiklebens sind Zürich und Basel, Basel besonders für moderne klassische Musik. Die Internationalen Musikfestwochen in Luzern (August/September) und die Junifestwochen in Zürich sind bedeutende musikalische Ereignisse, die Jahr für Jahr berühmte Orchester, Dirigenten und Solisten in die Schweiz führen.

Jazz- und **Folkfestivals** werden das ganze Jahr über von verschiedenen Klubs organisiert. Zu den bekanntesten gehören die internationalen Festivals von Zürich (August/September), Bern (April) und Willisau (August). Willisau ist ein kleines mittelalterliches Städtchen in der Nähe von Luzern, dessen alte Mauern vibrieren, wenn der Avantgarde-Jazz die Herrschaft übernimmt.

Traditionelle **Schweizer Volksmusik** hören Sie in vielen Restaurants, im Schweizer Rundfunk und an Dorffesten.

Kino. In den größeren Städten sind die neuesten Filme bald zu sehen. Fast alle Kinos zeigen Filme in der Originalfassung mit deutschen und französischen Untertiteln.

Programme aller Veranstaltungen finden Sie in den Tageszeitungen und an Litfaßsäulen auf Plakaten. **95**

Tafelfreuden

In der Schweiz gibt es eine große Auswahl an Restaurants und Gasthöfen. Allein Zürich hat über 1000, von denen einige hervorragend, die meisten sehr gut und nur wenige schlecht sind.

Natürlich können Sie, besonders in den Städten, auch italienisch, spanisch, jugoslawisch oder chinesisch essen gehen, meist aber wird Schweizer Küche mit französischem oder italienischem Einschlag angeboten. Vegetariern stehen eine ganze Reihe phantasievoller Restaurants offen.

Die Speisekarte bietet zu den Hauptessenszeiten (etwa 11–14 Uhr und 18–21 Uhr) ein oder mehrere Menüs an, die Suppe (oder Fruchtsaft), Fleisch, Gemüse und Beilage (Kartoffeln, Reis oder Nudeln), manchmal auch Salat und eine Nachspeise enthalten. Daneben können Sie auch Gerichte *à la carte* bestellen, die teurer sind. Das Bedienungsgeld ist im Preis immer inbegriffen. Es wird *kein* weiteres Trinkgeld erwartet.

Falls Sie Lust haben, in typisch schweizerischer Umgebung zu essen, versuchen Sie folgende Lokale:

Die **Zunfthäuser in Zürich** sind gastronomische Spitzenklasse in historischer Umgebung.

Ihnen in der Atmosphäre vergleichbar sind die **Keller von Bern,** jene ehemaligen Lagerräume, die längst gemütlich eingerichtet sind.

Landgasthöfe können entweder rauchiger Treffpunkt der Dorfbewohner sein oder aber stilvolle holzgetäfelte Speisestuben, deren langjährige Tradition manche Zeugen der Vergangenheit beweisen.

Eine andere Art, Spezialitäten zu genießen, sind die **Fischrestaurants** an See- und Flußufern. Im Sommer stehen die Tische am Wasser, und Sie können sicher sein, daß der angebotene Fisch frisch ist.

Schweizerische **Spezialitätenrestaurants** reichen vom rustikalen »Spycher« (Speicher), in dem Fondue und Raclette (siehe unten) serviert wird, bis zum vornehmsten und teuersten Lokal mit der *nouvelle cuisine* aus Frankreich.

Schnell und billig essen Sie in den Restaurants der Warenhausketten und den Schnellimbißstuben.

Die **Cafés** und **Tea Rooms** sind ein wichtiger Bestandteil des Alltags. Hier trifft man sich, hält Besprechungen ab, erholt sich von Anstrengungen aller Art oder setzt sich – zu jeder Tageszeit – hin, um zu

beobachten. Mittags werden auch kleine Imbisse serviert.

Schweizer Küche

Suppen. Lange kalte Winterabende sind sicher einer der Gründe für die Suppenfreundlichkeit der Schweizer. Eine braungeröstete Basler Mehlsuppe (sie wird vor dem Moorgestraich der Fasnacht – siehe S. 39 – gegessen), eine nahrhafte Bündner Gerstensuppe, eine Luzerner Brotsuppe oder eine köstliche Tessiner Minestrone sind ideale Appetitanreger. Ein Pot-au-Feu (Gemüse-Fleisch-Eintopf) ist in manchen Restaurants eine Spezialität des Hauses.

Fisch. Die Süßwasserfische aus Schweizer Seen und Flüssen sind eine Gaumenfreude. Die gebratenen, gedämpften oder pochierten Egli (Flußbarsch), Felchen, Rötel (Seesaibling) und Äschen schmecken vor allem in Gasthäusern an Seen und Flüssen wunderbar. Auch Zander, Hecht und Forelle werden auf verschiedene Arten zubereitet. Spezialitäten sind Rötel nach Zuger Art (mit Kräutern und Weißwein), Zuger Ballen (gebackene Felchen) und Egli oder Felchen mit Mandeln. Sehr gut schmeckt auch die Schweizer Fischsuppe mit Weißwein.

Fleisch. Das bekannteste Fleischgericht ist Zürcher Geschnetzeltes (feingeschnittenes Kalbfleisch an Sahnesoße), das fast auf jeder Speisekarte zu finden ist. Die Berner Platte (verschiedene Sorten Fleisch und Wurst mit Sauerkraut oder grünen Bohnen und Salzkartoffeln) ist, wie der Name sagt, in der Gegend von Bern verbreitet, während Cordon bleu oder Fondue Bourguignonne in der ganzen Schweiz erhältlich sind. In Luzern sind die Königinnenpastetli sehr beliebt. Bündnerfleisch ist luftgetrocknetes, zartes Rindfleisch, das in hauchdünne Scheiben geschnitten serviert wird, eine Spezialität aus Graubünden.

Wild wird während der Jagdsaison angeboten. Es gibt Reh, Hirsch, Wildschwein, seltener Gemse. Eine Spezialität ist Rehrücken mit Kastanien, gedünsteten Äpfeln, Preiselbeerkompott und Rotkohl.

Würste sind roh, gekocht oder geräuchert in etwa 40 verschiedenen Arten zu haben. Als warme Gerichte empfehlenswert sind St. Galler Bratwurst mit Zwiebelsoße und Schüblig (gesotten) mit Kartoffelsalat. Beliebt sind auch Wurstsalat und gegrillte Cervelat-Würste.

Beilagen. Die typischste Beilage ist Rösti, die ausgezeichnete Schweizer Variante von Bratkartoffeln, manchmal mit Speckwürfeln garniert. Daneben werden auch Spätzli (oder Knöpfli) sowie Nudeln in allen Formen gereicht.

Brot. Jede Gegend rühmt sich, ein eigenes Brot zu bakken. So gibt es St. Galler, Walliser, Tessiner und andere Brote. Die knusprigen Brötchen heißen hier Mütschli, Weggli, Bürli, Semmeli und Gipfeli (Hörnchen).

Käse. Emmentaler, Appenzeller, Greyerzer (Gruyère)

Schweizer Küche bedeutet Hausmannskost, doch französisch abgeschmeckt!

und Sbrinz sind die bekanntesten. Als Käsegerichte einmalig sind Fondue und Raclette. Der Fonduetopf aus Steingut wird über einer Flamme auf den Tisch gestellt. Darin brodelt eine Käse-Wein-Mischung, gewürzt mit Knoblauch, Kirschwasser und etwas Pfeffer. Die Gäste sitzen in der Runde und tauchen Brotstückchen mit einer Gabel in die Masse. Dazu wird Weißwein, Kirschwasser oder Tee getrunken. Für Raclette wird ein spezieller Käse über einer Heizquelle geschmolzen und auf den Teller geschabt. Dazu gibt es Pellkartoffeln, Essiggurken und Gewürze. Zwei weitere Käsespezialitäten schmecken besonders warm als Imbiß zwischendurch: Käsewähe (Käsekuchen) und Käsetoast (meist mit Schinken, manchmal mit Ei).

Nachtisch. Kuchen, Torten und »Wähen« schmecken köstlich, sind allerdings als Nachtisch etwas mächtig. Man genießt sie deshalb auch zum Kaffee am Nachmittag. Hervorragend sind Zuger Kirschtorte, Rüeblitorte und Schokoladentorte. Frischen Fruchtwähen (Obstkuchen) kann niemand widerstehen. Meist stehen außer Kuchen Eis, Kremspeisen, Obst – oder eine Mischung aus allen dreien – auf der Karte.

Getränke
Wein. Die Schweiz produziert viele eigene Weine. Die bekanntesten sind die fruchtigen Rotweine (Dôle) und die trockenen Weißweine (Fendant, Aigle, Dézaley) aus der Westschweiz. Im Tessin wird Merlot, ein kräftiger Rotwein, bevorzugt. Die Weine aus der Ostschweiz sind weniger renommiert, schmecken aber, besonders an Ort und Stelle getrunken, sehr erfrischend. Meist sind es leichte Rotweine (Hallauer, Maienfelder, Klevner, Stammheimer).

Bier ist sehr beliebt und überall erhältlich. Es ist etwas stärker als bayrisches, aber schwächer als etwa Dortmunder Bier, und meist hell oder dunkel, in Flaschen oder offen zu haben.

Schnaps. Zur Verdauung nach dem Essen sind Obstschnäpse sehr zu empfehlen. Es gibt Kirsch, Pflümli (Zwetschgen), Birnenschnaps und viele andere. In manchen Gegenden ist Kaffee mit Kräuterschnaps sehr beliebt.

Alkoholfreie Getränke. Hier stehen die geschmacklosen, mit Kohlensäure angereicherten Mineralwasser an erster Stelle (Eptinger, Passugger, Valser und viele andere). Daneben sind auch die üblichen Erfrischungsgetränke erhältlich.

Reiseweg

MIT AUTO ODER BUS

Die große Mehrheit der Schweizreisenden, ob im Winter oder Sommer, kommt mit dem eigenen Auto. Entlang der Grenze zu Deutschland und Österreich gibt es zahlreiche Tag und Nacht geöffnete Grenzübergänge, es seien hier nur die wichtigsten genannt: Basel (mehrere, jedoch noch kein direkter Autobahnanschluß), Rheinfelden, Säckingen/Stein, Waldshut/Koblenz, Konstanz/Kreuzlingen, Lindau/Bregenz (Österreich)/St. Margrethen, Feldkirch/Schaan (Liechtenstein)/Buchs und Martina im Unterengadin. Buchs und Martina werden vor allem von Urlaubern aus Österreich bevorzugt, die im Engadin oder Graubünden Ferien machen, ansonsten erweist sich der kleine Umweg über das nördlichere St. Margrethen als die bequemere Strecke.

Wer von Hamburg über Hannover–Frankfurt am Main–Karlsruhe nach Basel fährt, legt rund 850 km Autobahn zurück. Erst in der Schweiz trifft der über St. Margrethen nach Zürich fahrende Münchner auf Autobahn, der größte Teil der 380 km führt über Landstraßen. Etwas besser sieht es für Autofahrer aus Wien aus, die etwa 860 km von Zürich trennen (über Salzburg–Innsbruck–St. Margrethen).

Zahlreiche Busunternehmen organisieren preisgünstige **Busreisen** in die Schweiz (mit Ziel Luzern, Bern, Interlaken usw.), bei denen man die Aufenthaltsdauer oft wählen kann.

MIT DER BAHN

Die täglichen Eisenbahnverbindungen sind ausgezeichnet. Für die vermutlich längste Strecke – von Hamburg über Köln und Mannheim (oder Hannover und Frankfurt) nach Basel und Chur – benötigen Sie etwa 15 Stunden. Ein anderes Beispiel: Von München erreichen Sie in 5 Stunden Zürich. Auch die Verbindungen mit Österreich sind sehr gut.

Auf einigen Strecken verkehren **TEE-Züge,** die sehr bequem und schnell sind, jedoch nur Wagen 1. Klasse (mit Zuschlag) führen.

Natürlich wird es sich auch lohnen, die Möglichkeit des Schlafwagens bzw. der Autoreisezüge ins Auge zu fassen. **Autoreisezüge** mit Schweizer Ziel gehen wenigstens während der Hauptreisezeit von Berlin, Hamburg, und Düsseldorf ab. In der Schweiz werden Sie zweifellos die Autoverladezüge durch die Alpentunnels begrüßen (siehe S. 106).

IN DER SCHWEIZ REISEN

Wer selbst für längere Ausflüge nicht den eigenen Personenwagen benutzen möchte – und für Unerfahrene ist dies bei Paßstraßen sogar ratsam –, der findet ein Eisenbahn- und Postbusverkehrsnetz vor, das weltweit seinesgleichen sucht. Schonen Sie also Ihre Nerven, und genießen Sie die Landschaft! Detaillierte Hinweise finden Sie unter den Stichwörtern BERGBAHNEN (S. 108), EISENBAHN (S. 109), ÖFFENTLICHE VERKEHRSMITTEL (S. 117), POSTAUTOBUSSE (S. 119) und SCHIFFSVERKEHR (S. 120).

Unentwegte Autofahrer finden auf den Seiten 105–107 wertvolle Hinweise.

Reisezeit

Der Zeitpunkt Ihrer Schweizreise wird allein von Ihren Neigungen und Wünschen abhängen, die Reisezeit dauert nämlich das ganze Jahr. Die eigentliche Skisaison beginnt Anfang Dezember und geht bis Ende April, doch kann man in einigen Orten auch im Hochsommer noch skilaufen. Von Juli bis Mitte Oktober kraxeln die Bergsteiger auf die Gipfel, als »sicherster« Monat gilt der September. Suchen Sie Ruhe und Einsamkeit auf sicheren Wanderpfaden, Sie werden sie am ehesten in der sogenannten Zwischensaison von Frühling und Herbst finden.

Beliebtestes Gesprächsthema aller Schweizer und Schweizbesucher ist das Wetter. Sonne und Schnee, Gewitterschwüle und klirrende Kälte trennen oft nur wenige Stunden. Unter KLIMA UND KLEIDUNG (S. 115) erfahren Sie mehr.

Mit soviel müssen Sie rechnen

Damit Sie einen Eindruck davon erhalten, mit wieviel Sie zu rechnen haben, geben wir hier einige Richtpreise in Schweizer Franken an. Beachten Sie, daß es sich um ungefähre Preise handelt.

Autovermietung: Fiat 127: 33 Fr. pro Tag, 0,33 Fr. pro km, 71 Fr. pro Tag bei unbegrenzter Kilometerzahl (mind. 3 Tage). BMW 318: 74 Fr. pro Tag, 0,75 Fr. pro km, 162 Fr. pro Tag bei unbegrenzter Kilometerzahl. Versicherung für Schäden über 1000 Fr. inbegriffen.

Autozüge: Gotthard 30 Fr.; Lötschberg 1) 28 Fr., 2) 40 Fr.; Simplon 37 Fr., Lötschberg/Simplon (direkt) 67 Fr.; Albula 63 Fr.

Babysitter: etwa 8,50 Fr. pro Stunde, plus Transportspesen.

Benzin und Öl: Normalbenzin 0,80–0,90 Fr., Super 0,85–1 Fr., Motorenöl 7,50 Fr. pro Liter.

Essen und Trinken (mittlere Preislage): Mittag-/Abendessen 12–20 Fr., Käsefondue 8–10 Fr., Kaffee 1,50 Fr., Bier (kleine Flasche) 2 Fr., $^1/_2$ 1 offener Wein 7–10 Fr., alkoholfreie Getränke 2–2,50 Fr.

Fahrradvermietung: 4 Fr. für 2 Std., 10 Fr. pro Tag.

Friseur: Damen: einfacher Haarschnitt 15–25 Fr., Waschen und Legen 16–20 Fr., Waschen und Föntrocknen 23 Fr., Dauerwelle 40–60 Fr. Herren: Haarschnitt 12–20 Fr., Rasieren 5–10 Fr.

Hotel: Doppelzimmer ab 25 Fr. (ohne Bad und Dusche) bis zu 300 Fr. im Luxushotel.

Kino: 8–10 Fr.; Diskotheken: Eintritt 5–10 Fr.

Schweizer Ferienkarte: 2. Kl. 110 Fr. (1. Kl. 155 Fr.) für 8 Tage, 155 Fr. (215 Fr.) für 15 Tage, 215 Fr. (300 Fr.) pro Monat.

Skivermietung: Abfahrtsski: 30 Fr. pro Tag, 125 Fr. pro Woche. Langlaufski: 12 Fr. pro Tag, 68 Fr. pro Woche.

Supermarkt: Brot (1 Pfund) 1,50–2 Fr., Butter (200 g) 2,60 Fr., 6 Eier 1,50–2 Fr., Beefsteak (500 g) 17 Fr., Kaffee (250 g) 4–6 Fr., Apfel-/Orangensaft (1 l) 1–1,20 Fr., 1 Fl. Wein 5–10 Fr.

Wandern: reka-Wanderpaß 40 Fr. für 2 Tage, 35 Fr. für 4 Tage, 170 Fr. für 7 Tage.

Wäscherei und Reinigung: Waschen und Bügeln (Bluse, Herrenhemd) 4 Fr.; Reinigung: Hose 6 Fr., Anzug oder Mantel 20 Fr.

Taxi: Grundtarif um 3,50 Fr., 0,20 Fr. pro Min.

Zigaretten: 1,50–2 Fr. für eine Schachtel (20 Stk.).

PRAKTISCHE HINWEISE von A bis Z

Manchen hochdeutschen Bezeichnungen sind in Klammern die abweichenden, in der deutschsprachigen Schweiz gebräuchlichen Ausdrücke hinzugefügt. Einige Preisbeispiele finden Sie auf S. 103.

A

ALPENRUNDFLÜGE. Private Fluggesellschaften organisieren von den Flughäfen Zürich, Basel, Bern und Genf aus Alpenrundflüge. Sie haben aber auch in mehreren Ferienorten die Möglichkeit, 1–2stündige Rundflüge zu unternehmen. Auskunft erteilt das zuständige Fremdenverkehrsamt oder der Kurverein des betreffenden Ortes.

ANHALTER (Autostop). Per Anhalter zu reisen ist in der Schweiz außer an Autobahnen und Autobahnauffahrten überall erlaubt. Allerdings gehören die Schweizer nicht gerade zu den anhalterfreundlichsten Autofahrern. Am besten versucht man es zu zweit und gibt auf einem Schild auch gleich an, wo man hinmöchte.

ÄRZTLICHE HILFE. Siehe auch NOTFÄLLE. Mit dem Bewußtsein, im Notfall entsprechend versichert zu sein, genießen Sie Ihren Urlaub unbeschwerter. Erkundigen Sie sich, ob Ihre Krankenversicherung auch Kosten für Unfälle und Krankheiten im Ausland deckt, und schließen Sie, falls dies nicht der Fall sein sollte, eine Urlaubsversicherung ab. Die medizinische Versorgung ist in der Schweiz ausgezeichnet, aber teuer. Auch in kleinen Orten wird dafür gesorgt, daß Sie, wenn es nötig ist, sofort in ein Krankenhaus gebracht werden.

Apotheke: Sie ist erkenntlich am grünen Kreuz mit dem Zeichen des Äskulap (Stab mit Schlange) und der Aufschrift »Apotheke«. Mindestens eine Apotheke hat in jedem Ort Nachtdienst. Das grüne Kreuz ist in diesem Falle beleuchtet. Außerdem finden Sie die Adresse der diensthabenden Nachtapotheke im Fenster jeder anderen Apotheke.

Da die Vorschriften ziemlich streng sind, werden nur wenige Medikamente ohne Rezept abgegeben. Dennoch sollten Sie mit einer leichten Erkrankung zuerst einen Apotheker konsultieren. Die Öffnungszeiten der Apotheken entsprechen normalerweise den allgemeinen Geschäftszeiten.

AUTOFAHREN IN DER SCHWEIZ. Folgende Dokumente sind nötig, wenn Sie mit dem eigenen Auto in die Schweiz einreisen wollen:

- nationaler Führerschein
- Fahrzeugpapiere

Die grüne Versicherungskarte ist für die Schweiz nicht unbedingt erforderlich, vereinfacht jedoch die Abwicklung der Kostenfrage bei einem Unfall beträchtlich. Zur korrekten Autoausstattung gehören auch Sicherheitsgurte (die zu benutzen nicht mehr Pflicht ist, jedoch dringend empfohlen wird), das Nationalitätenkennzeichen, das gut sichtbar am Wagenheck angebracht sein muß, und das rote Warndreieck. Vergessen Sie bei Reisen im Winter (auf den Pässen dauert der Winter bis Mai/Juni) nicht die Winterausrüstung. Falls Sie keine Winterreifen haben, sollten Sie bei Ihrem Automobilklub Schneeketten mieten. Es kann sonst leicht geschehen, daß Sie in der Schweiz in einer Steigung im Schnee steckenbleiben oder von der Polizei zurückgewiesen werden, bevor Sie Ihr Ziel in den Bergen erreicht haben. Den Straßenzustandsbericht teilt die Telefonnummer 163 mit.

Straßenverhältnisse: Die Straßen sind gut, die befahrbaren Pässe (siehe unten) sehr gut ausgebaut. Folgende Besonderheiten sind zu beachten: Lassen Sie sich auf den kurvenreichen Bergstrecken nicht durch die schönen Ausblicke vom Fahren ablenken, sondern halten Sie an den reichlich vorhandenen Ausweichstellen. Denken Sie vor Antritt der Fahrt daran, daß ein Unterschied besteht, ob man mit einem Wohnwagen eine breite Autostraße im Flachland befährt oder eine steile, kurvenreiche Bergstraße. Bei Engpässen auf Bergstrecken hat der bergwärts fahrende Wagen Vortritt! Vergessen Sie nicht, in Tunnels das Licht einzuschalten. Hupen ist weitgehendst zu vermeiden; Ausnahmen, bei denen das Gegenteil verlangt ist: Warnen von Kindern und Warnen von eventuell entgegenkommenden Fahrzeugen auf unübersichtlichen kurvenreichen Bergstrecken. Besondere Vorsicht ist auch in den Städten geboten, in denen Straßenbahnen (Trams) verkehren: An Haltestellen ohne Schutzinseln unbedingt hinter der Straßenbahn anhalten, um aussteigende Personen nicht zu gefährden!

Geschwindigkeitsbeschränkungen: Auf richtungsgetrennten Autobahnen darf nicht schneller als 130 km/h, auf den übrigen Autostraßen bis 100 km/h und in Wohngebieten 60 km/h gefahren werden. Ausnahmen werden auf Schildern angezeigt. Blaue (oder weiße) Ortstafeln gelten als Anfang des bewohnten Gebietes. Die Höchstgeschwindigkeit für Autos mit Wohnwagen beträgt auf allen Straßen 80 km/h. Mit Spikes-Reifen dürfen Sie ebenfalls höchstens 80 km/h fahren; auf

A   Autobahnen sind sie ganz verboten. Die Benutzung von Spikes-Reifen ist nur vom 15. November bis zum 15. März gestattet.

Autozüge: Falls Sie Paßfahrten oder längere Umwege vermeiden wollen, können Sie sich in Autozügen schnell und bequem durch den Tunnel befördern lassen. Der Fahrer muß sein Auto selbst auf die Rampe stellen. Nachfolgend eine Übersicht über die Autozüge in der Schweiz:

Tunnel	von – nach	km	ungefähre Fahrtdauer	Züge pro Tag
Gotthard	Göschenen–Airolo	15	15 Min.	47
Lötschberg	1) Kandersteg-Goppenstein	14,6	15 Min.	28
	2) Kandersteg–Brig	60	40 Min.	8
Simplon	Brig–Iselle	19,8	20 Min.	14
Lötschberg-Simplon	Kandersteg–Iselle (direkt)	79,8	65 Min.	8
Albula	Thusis oder Tiefencastel–Samedan	5,9	80 Min.	10

Verkehrspolizei: Die Verkehrspolizei untersteht, wie die übrige Polizei, den Kantonen. Der Verkehr wird übrigens sehr oft von charmanten Polizistinnen (oder, wie sie hier genannt werden, Politessen) geregelt. Geschwindigkeits- und Alkoholkontrollen (Grenzwert 0,8‰) werden recht häufig durchgeführt und sind streng.

Benzin und Öl: siehe S. 103.

Pannenhilfe: Für Angehörige eines mit dem Touring-Club der Schweiz (TCS) oder dem Automobilclub der Schweiz (ACS) affiliierten Automobilklubs (mit Auslandsschutzbrief) ist die Pannenhilfe kostenlos. Ersatzteile müssen aber selbstverständlich bezahlt werden.

Parken: In manchen Städten wird die »Altstadt« mehr und mehr für den Verkehr gesperrt, und auch sonst werden Fußgängerzonen eingerichtet. Da Parkplätze, vor allem langfristige, ebenso rar sind wie in anderen europäischen Städten, ist es ratsam, das Auto am Rand der Innenstadt zu parken oder vor dem Hotel stehenzulassen. Wenn Sie

keinen Parkplatz finden, fahren Sie in eines der Parkhäuser. Die **A**
meisten Parkplätze sind mit Parkuhren versehen. Eine Möglichkeit,
kurzfristig (bis zu 90 Minuten) kostenlos zu parken, ist die Blaue Zone.
Hinter die Windschutzscheibe wird die Parkscheibe geklemmt, auf der
die Ankunftszeit eingestellt wird und die erlaubte Parkzeit abgelesen
werden kann. Parkscheiben sind an Tankstellen, oft auch in Banken
und Hotels erhältlich.

Verkehrszeichen: Die meisten Schilder entsprechen den international
üblichen. Nachfolgend einige beachtenswerte Besonderheiten:

- Das blaue Schild mit gelbem Posthorn bedeutet Bergpoststraße. Den
  gelben Postautobussen ist hier stets Vortritt zu gewähren.

- Gelbe Bodenmarkierungen bedeuten in jedem Fall Park- oder Halte-
  verbot.

Folgende Pässe können Sie im deutschsprachigen Teil der Schweiz
befahren (Steigung in Prozent):

Albula (Graubünden)	2312 m	10%	Juni–Okt.
Bernina (Graubünden)	2323 m	10%	Jan.–Dez.
Brünig (Unterwalden/Bern)	1007 m	8%	Jan.–Dez.
Flüela (Graubünden)	2383 m	12%	Mai–Nov.
Furka (Wallis/Uri)	2431 m	10%	Juni–Okt.
Grimsel (Bern/Wallis)	2165 m	9%	Juni–Okt.
Julier (Graubünden)	2284 m	12%	Jan.–Dez.
Klausen (Glarus/Uri)	1948 m	9%	Juni–Okt.
Lukmanier (Graubünden/Tessin)	1916 m	9%	Mai–Nov.
Maloja (Graubünden)	1815 m	9%	Jan.–Dez.
Nufenen (Wallis/Tessin)	2478 m	12%	Juni–Okt.
Oberalp (Uri/Graubünden)	2044 m	10%	Juni–Okt.
Ofen (Graubünden)	2149 m	10%	Jan.–Dez.
San Bernardino (mit Tunnel; Graubünden)	2065 m	12%	Juni–Okt.
St. Gotthard (Uri/Tessin)	2108 m	10%	Juni–Okt.
Simplon (Wallis/Italien)	2005 m	9%	Jan.–Dez.
Splügen (Graubünden/Italien)	2113 m	9%	Juni–Okt.
Susten (Bern/Uri)	2224 m	9%	Mai–Okt.
Umbrail (Graubünden/Italien)	2501 m	9%	Juni–Okt.

Die Öffnungszeiten sind selbstverständlich von den jeweiligen Schnee-
verhältnissen abhängig.

AUTOVERMIETUNG. Wer ein Auto mieten will, muß einen seit
mindestens 1 Jahr gültigen Führerschein vorweisen und 21, bei manchen Firmen auch 25 Jahre alt sein. Im allgemeinen muß eine Kaution **107**

A hinterlegt werden. Von dieser Bedingung sind Besitzer internationaler Kreditkarten ausgenommen. Meist braucht das Auto nicht bei der gleichen Vertretung abgegeben zu werden, wo es gemietet worden ist. Wenn Sie mit dem Mietwagen die Schweiz verlassen, wird ein Preiszuschlag erhoben. Mietpreise siehe S. 103.

B **BABYSITTER.** Wenden Sie sich, falls Sie im Hotel wohnen, an den Empfang (Réception), der Ihnen einen verläßlichen Babysitter vermitteln wird. Entsprechende Adressen finden Sie auch in »Das Grüne Buch« (siehe TELEFON) unter dem Stichwort »Kinderbetreuung«.

Wollen Sie ungestört einen Einkaufsbummel machen, sind Ihre Sprößlinge in den Kinderstuben der größeren Warenhäuser gut aufgehoben.

BANKEN und WECHSELSTUBEN. Die etwas über 1600 Banken sind im allgemeinen montags bis freitags von 8.30 bis 12.30 Uhr und von 13.30 bis 16.30 oder 17.30 Uhr geöffnet.

In Zürich gelten die Öffnungszeiten 8.15 bis 18 Uhr an Montagen sowie 8.15 bis 16.30 Uhr an den übrigen vier Arbeitstagen. Die Wechselstuben auf Flughäfen und größeren Bahnhöfen wechseln fremde Währung, Reise- und Euroschecks (siehe auch KREDITKARTEN) zum besten Tageskurs. Sie sind von 6 bis 21, manchmal auch bis 23 Uhr geöffnet.

Der Wechselkurs kann von Bank zu Bank etwas unterschiedlich sein. Sicher aber erhalten Sie in Hotels und Geschäften weniger für Ihr Geld oder Ihre Schecks als in Banken oder Wechselstuben. Geschäftsleute und andere Interessenten werden in den Fenstern fast jeder städtischen Bank übrigens laufend über einen Bildschirm die neuesten Börsenkurse erfahren können.

BERGBAHNEN. Sie haben in der Schweiz die Wahl zwischen 14 Zahnradbahnen (Gesamtlänge 97 km), 50 Standseilbahnen (55 km) und rund 400 Luftseilbahnen (600 km), die Sie bis in über 3000 m Höhe befördern. Sie überwinden, meist in mehreren Abschnitten (Sektionen), um die Druckunterschiede erträglich zu machen, Höhenunterschiede bis über 2000 m (Schilthorn-Bahn im Berner Oberland z.B.) Die Schweizer Bergbahnen gelten als sehr sicher und unterstehen ständigen Sicherheitskontrollen. Nicht zuletzt aus diesem Grund sind sie verhältnismäßig teuer.

CAMPING. Zelten ist, mit allem was dazu gehört, in der Schweiz beliebt und hochentwickelt. Allein über 270 Plätze sind vom Camping-Verband anerkannt; von diesen werden etwa 20, in einer Höhe von über 1000 m über Meer gelegene, vom Touring-Club der Schweiz (TCS) empfohlen. Weitere 18 mit dem »Gütesiegel« des TCS bleiben das ganze Jahr über geöffnet, und fast 30 Campingplätze verfügen über ein eigenes Schwimmbecken.

Ein ausführliches Verzeichnis aller Campingplätze, ihrer Lage und Ausstattung erhalten Sie vom Schweizerischen Camping- und Caravanning-Verband (SCCV), Zentralsekretariat, Habsburgerstraße 35, Postfach 24, 6004 Luzern; Tel. (041) 23 48 22.

C

DIEBSTAHL. Die Schweiz ist auch heute noch ein Land, das in der kriminellen Statistik glücklicherweise relativ weit hinten liegt. Doch das Märchen von Wohnungstüren und Fahrrädern, die man nicht abzuschießen brauche, ist längst nicht mehr wahr. Hüten Sie sich in den Städten vor allem vor Taschendieben, aber auch vor Autoknackern.

Melden Sie einen Diebstahl der nächsten Polizeistelle.

D

EISENBAHN. Die SBB (Schweizerische Bundesbahnen, französisch CFF, italienisch FFS) unterhalten zusammen mit einigen Privatbahnen, die im Besitz von Kantonen oder Gemeinden sind, ein weitverzweigtes Schienennetz, das die gesamte Schweiz gut erschließt. Die Züge bestehen aus Wagen 1. (mit gelbem Streifen) und 2. Klasse; die Wagen sind in Raucher- (rote Polsterung) und Nichtraucher-Abteile (grüne Polsterung) aufgeteilt.

Zu den wichtigen Privatbahnen gehören die Furka-Oberalpbahn (von Wallis nach Graubünden), die Rhätischen Bahnen (Graubünden, Engadin), die Lötschberg-Simplon-Bahn sowie einige kleinere Bahnen in der Nordostschweiz. Siehe auch BERGBAHNEN und POSTAUTOBUSSE.

Fahrkarten (Billette) kaufen Sie am Schalter oder am Automaten. Im Zug erhalten Sie nur Fahrkarten für eine einfache Fahrt und müssen überdies einen Zuschlag bezahlen. Rückfahrkarten (Retourbillette) sind, je nach Länge der Strecke, um 3–20% ermäßigt.

E

Folgende Angebote der SBB sind Bahn-Ferienreisenden zu empfehlen:

● Schweizer Ferienkarte (siehe betreffendes Stichwort)

● Ausflugsbillette: Ermäßigte Rückfahrkarten für bestimmte Strecken (2 Tage gültig)

● Fahrvergünstigung für Familien: Sie wird aufgrund der Anzahl von Familienangehörigen (auch Hunde zählen dazu!) berechnet. Erkundigen Sie sich am Fahrkartenschalter.

109

E   ● Regionale Ferienabonnemente: Sie sind 15 Tage gültig, davon an 5 frei wählbaren Tagen für kostenlose Fahrten, an den anderen Tagen berechtigen sie zum Bezug von Fahrkarten zum halben Preis.

● Rundfahrt- und Wanderbillette: Diese ermäßigten Fahrkarten für Rundfahrten oder Fahrten mit eingeschobener Wanderstrecke sind an vielen Bahnhöfen erhältlich. Erkundigen Sie sich am Schalter (10 Tage gültig).

● Fahrradvermietung (siehe entsprechendes Stichwort)

F   **FAHRRAD- und MOTORRADVERMIETUNG** (Velo-, Motorradvermietung). Trotz der hügeligen Landschaft, die dem Fahrer oft einige Kraft abverlangt, ist Radfahren – oder Velofahren, wie die Schweizer es nennen – eine sehr beliebte Freizeitbeschäftigung.

Die günstigste Gelegenheit, ein Fahrrad zu mieten, haben Sie an fast allen Bahnhöfen. Zur Zeit stehen an etwa 630 Bahnstationen rund 1000 Fahrräder zur Verfügung. In der Gebühr (siehe S. 103) ist eine Haftpflichtversicherung gegenüber Drittpersonen eingeschlossen. Bei einer Mietdauer von mehreren Tagen erhalten Sie eine Preisreduktion. An kleinen Bahnhöfen sollten Sie die Fahrräder für einen Familien- oder Gruppenausflug einen Tag im voraus bestellen.

Der Schweizerische Radfahrer- und Motorfahrerbund (SRB) sorgt für über 30 bereits bestehende und zahlreiche im Aufbau begriffene markierte Radwanderwege zwischen 10 und 60 km Länge. Eine Broschüre mit Routen- und anderen Angaben ist beim SRB (Schaffhauserstraße 272, Postfach, 8023 Zürich; Tel. (01) 4692207) oder bei der Schweizer Verkehrszentrale (Adressen siehe FREMDENVERKEHRSÄMTER) erhältlich. Motorräder werden in der Schweiz weit weniger oft vermietet als Fahrräder. Entsprechende Adressen finden Sie in »Das Grüne Buch« (siehe TELEFON) unter dem Stichwort »Motorräder«.

FEIERTAGE. Als offizielle Feiertage gelten in der Schweiz: 1. Januar (Neujahr), Karfreitag, Ostermontag, Christi Himmelfahrt (Auffahrt), Pfingstmontag, 25. Dezember (Weihnachten). Daneben ist jedoch die Regelung und Festsetzung der Feiertage von Kanton zu Kanton verschieden. Weitere, kantonale Feiertage, die aber nicht für jeden Kanton gelten, sind: 2. Januar (Berchtoldstag), 1. Mai (Tag der Arbeit), Fronleichnam, 15. August (Mariä Himmelfahrt), 1. November (Allerheiligen), 8. Dezember (Mariä Empfängnis), 26. Dezember (Stefanstag).

Der 1. August ist Schweizer Nationalfeiertag. An diesem Tag wird der Bund der drei Urkantone auf der Rütliwiese am Vierwaldstättersee im ganzen Land mit Fackeln und Höhenfeuern gefeiert.

FLUGHAFEN (auch Flugplatz). Von den drei internationalen Flughäfen der Schweiz sind für bundesdeutsche und österreichische Reisende vor allem Zürich-Kloten und Basel-Mulhouse von Bedeutung. Beide werden durch regelmäßige Linienflüge aus beiden Ländern häufig angeflogen. Auch zwischen den Schweizerischen Flughäfen bestehen Flugverbindungen.

Der späteste Zeitpunkt der Einfindung auf dem Flughafen liegt normalerweise bei 30 Minuten vor Abflug, Ausnahmen sind jedoch möglich. Erkundigen Sie sich bei Ihrer Fluggesellschaft. Die Flughafentaxe ist in den Flugpreisen eingeschlossen. Zürich-Kloten hat zwei Terminals: Flüge nach Deutschland und Österreich werden im Terminal A abgefertigt.

Fahrverbindungen zwischen Flughäfen und Städten: Regelmäßig verkehrende Flughafenbusse verbinden die Flughäfen Kloten und Basel mit Zürich und Bern bzw. Basel. Die Fahrt von Kloten zum Zürcher Hauptbahnhof dauert etwa 20 Minuten, von Mulhouse zum Hauptbahnhof Basel ebenfalls etwa 20 Minuten, in Hauptverkehrszeiten etwas länger. Die Schweizer Fluggesellschaft Swissair unterhält zusammen mit den Schweizerischen Bundesbahnen auch einen Busdienst von Kloten nach Bern. Fahrtdauer: rund $1^1/_2$ Stunden. (Siehe auch S. 103.)

Privatflüge: Auf den meisten der 46 kleinen Privatflugplätzen können Sie ein Sportflugzeug mit oder ohne Pilot mieten. Siehe auch ALPEN-RUNDFLÜGE.

FOTOGRAFIEREN. Selbstverständlich können Sie in der Schweiz sämtliche Filme entwickeln lassen. Besonders bei Farbfilmen kann es allerdings während der Hochsaison bis zu zwei Wochen dauern, bis Sie die Bilder bekommen.

Fototips: Im Gebirge ist es im Winter wie im Sommer unerläßlich, ein Skylight- oder UV-Filter sowie eine Sonnenblende mit dabeizuhaben, da glitzernde Schneefelder und helles Gestein eine ausgewogene Belichtung erschweren. Für Kameras mit eingebautem Belichtungsmesser lohnt es sich, besonders im Winter, Ersatzbatterien bereitzuhalten.

FREMDENFÜHRUNGEN; STADTRUNDFAHRTEN. In manchen Städten sind historisch bedeutende Bauwerke ausführlich beschriftet, so daß Sie mit Hilfe eines Stadtplanes oder des vorliegenden Führers einen Rundgang machen können. In Chur sind Rundgänge, bei denen Sie an den wichtigen Sehenswürdigkeiten vorbeikommen, durch bunte Fußabdrücke auf dem Straßenpflaster gekennzeichnet. Über Abfahrts-

F zeiten und -ort organisierter Stadtrundfahrten orientieren die zuständigen Fremdenverkehrsämter (Adressen siehe unten).

FREMDENVERKEHRSÄMTER. Hauptsitz der offiziellen Schweizerischen Fremdenverkehrsämter ist die Schweizerische Verkehrszentrale, Bellariastraße 38, 8027 Zürich; Tel. (01) 202 37 37.

Niederlassungen in der BRD und Österreich:

BRD: Schweizer Verkehrsbüro, Kaiserstraße 23, 6000 Frankfurt am Main; Tel. (611) 23 60 61. Außenstellen: Graf-Adolf-Straße 100, 4000 Düsseldorf; Tel. (211) 36 43 22. Speersort 8, 2000 Hamburg; Tel. (40) 33 70 72.

Österreich: Schweizer Verkehrsbüro, Kärntnerstraße 20, 1010 Wien; Tel. (222) 52 74 05.

Bei der Schweizerischen Verkehrszentrale erhalten Sie ein Hotel- sowie ein Ferienwohnungenverzeichnis, daneben Veranstaltungskalender und eine mehrteilige Broschürenreihe über die zahlreichen Ferienkurse, die die Schweizer Urlaubsorte für ihre Besucher bereithalten.

Informationen, aber auch lockende Bildberichte über die Schweiz enthält die von der Schweizerischen Verkehrszentrale zusammen mit den SBB und PTT herausgegebene, monatlich erscheinende Zeitschrift »Schweiz–Suisse–Svizzera–Switzerland«. Sie finden sie auch ausgehängt in der Eisenbahn und auf Schiffen.

Regionale Verkehrsverbände in der Schweiz:

Graubünden: Verkehrsverein, Ottostraße 6, Postfach, 7001 Chur; Tel. (081) 22 13 60.

Ostschweiz: Verkehrsbüro der Stadt St. Gallen, Bahnhofplatz 1a, Postfach, 9001 St. Gallen; Tel. (071) 22 62 62.

Zürich: Verkehrsverein der Stadt Zürich und Umgebung, Bahnhofbrücke 1, Postfach, 8001 Zürich; Tel. (01) 211 12 56.

Zentralschweiz: Verkehrsverband Zentralschweiz, Postfach, Pilatusstraße 14, 6002 Luzern; Tel. (041) 22 70 55.

Nordwestschweiz: Nordwestschweizerische Verkehrsvereinigung, Geschäftsstelle: Verkehrsverein der Stadt Basel, Blumenrain 2, 4000 Basel; Tel. (061) 25 38 11.

Berner Oberland: Verkehrsverein des Berner Oberlandes, Jungfraustraße 38, 3800 Interlaken; Tel. (036) 22 26 21.

Neben diesen regionalen Verbänden gibt es praktisch in jedem Ort ein Fremdenverkehrsamt (Verkehrsverein).

FRISEUR (Coiffeur). Nicht alle Friseure haben sich der »Neuen Linie« verpflichtet, und vor allem in ländlichen Gegenden sind Haarschnitt und Frisur noch recht konventionell. Es gibt aber auch zahlreiche Friseurläden, die keinerlei noch so ausgefallene Wünsche offenlassen.

In einigen Kantonen ist das Trinkgeld im Preis bereits eingeschlossen, sonst beträgt es 12–15% des Rechnungsbetrages (siehe auch S. 103).

FUNDGEGENSTÄNDE; VERIRRTE KINDER. Versuchen Sie sich zu erinnern, wo Sie den entsprechenden Gegenstand verloren haben. In Cafés, Kino usw. haben Sie eine gute Chance, ihn zurückzubekommen. In anderen Fällen sollten Sie sich nach dem Fundbüro erkundigen, in ländlichen Gegenden oder bei größeren Verlusten gehen Sie zur nächsten Polizeidienststelle.

Eisenbahn und öffentliche Verkehrsbetriebe haben eigene Fundbüros. Seien Sie darauf vorbereitet, daß Sie dem ehrlichen Finder 10% des geschätzten Wertes des gefundenen Gegenstandes als Finderlohn zu bezahlen haben.

Verirrte Kinder: In Warenhäusern bitten Sie die nächste Verkäuferin darum, daß Ihr Kind ausgerufen wird. In allen anderen Fällen wenden Sie sich an die Polizei.

GELD und WÄHRUNG. Die Schweizer Währungseinheit ist der Franken (abgekürzt Fr., manchmal auch sfr.). Er ist unterteilt in 100 Rappen (abgekürzt Rp.). Es gibt Münzen zu 5 (Füfi oder Föifi), 10 (Zäni oder Batze), 20 (Zwänzgi) und 50 (Füfzgi) Rappen sowie 1, 2 und 5 Franken (Füfliber) und Noten zu 10, 20, 50, 100, 500 und 1000 Franken.

GOTTESDIENSTE. Gottesdienst und Heilige Messe werden in der Sprache der jeweiligen Landesgegend, also Deutsch, Französisch, Italienisch oder Rätoromanisch, abgehalten. Wann Gottesdienste und Heilige Messen stattfinden, erfahren Sie in größeren Orten aus der Tageszeitung oder am Aushang der einzelnen Kirchen, kleinere Orte geben die Zeiten auf einer Tafel an der Ortseinfahrt bekannt.

HAUSTIERE. Wenn Sie Ihren Hund oder Ihre Katze mit in den Urlaub nehmen möchten, sollten Sie sich erst vergewissern, ob Ihr Hotel auch bereit ist, den Liebling aufzunehmen. Möglicherweise fühlt er sich in einem guten Tierheim oder bei Bekannten wohler.

Für die Einreise benötigen Sie eine Genehmigung des Eidgenössischen Veterinäramtes in Bern (Auskünfte bei Ihrem Reisebüro oder einem Schweizer Konsulat, Adressen siehe Konsulate) und ein Zeug-

H nis über die Tollwutschutzimpfung, die mindestens 30 Tage zurücklie-
gen muß, aber nicht älter als 1 Jahr sein darf. Erkundigen Sie sich auch
vor Urlaubsantritt nach den Einreisebedingungen in Ihr Land, da sich
diese oft kurzfristig ändern können.

HOTELS und ANDERE UNTERKÜNFTE. Siehe auch CAMPING. Der
Schweizer Hotelier-Verein (Monbijoustraße 130, Postfach 2657, 3001
Bern; Tel. (031) 46 18 81) gibt jedes Jahr einen umfassenden Hotelfüh-
rer heraus, der allerdings nur Betriebe, die Mitglieder des Vereins sind,
aufführt. Er ist gegen eine kleine Gebühr bei den Auslandagenturen
der Schweizer Verkehrszentrale (Adressen siehe FREMDENVERKEHRS-
ÄMTER), Reisebüros, offiziellen Verkehrsvereinen in der Schweiz und
beim Hotelier-Verein erhältlich.

Die Preise sind festgelegt und werden kontrolliert. Bedienung und
Taxen sind eingeschlossen. Ab einem Aufenthalt von mindestens 3
Tagen wird meist ein Preisnachlaß gewährt. Die Hotelpreise (siehe
S. 103) sind stark vom Standort des Hotels abhängig: Stadt, Touristen-
ort oder unerschlossene ländliche Gegend.

Klub kinderfreundlicher Schweizer Hotels: 17 Hotels, meist in der
deutschsprachigen Schweiz gelegen, bieten für Familien mit Kindern
alles, was Eltern in »normalen« Hotels meist vermissen. Zur Kinderbetreuung und -verpflegung kommen organisierte Picknickausflüge und
Wanderungen und Preisreduktionen für Kinder (bis 6 Jahre kostenlos,
6–12 Jahre 50% Ermäßigung, 12–16 Jahre 30% Ermäßigung).

Jugendherbergen: Diese billigen Unterkünfte stehen Jugendlichen bis
zu 25 Jahren offen. Sie müssen Mitglieder Ihrer nationalen Jugendher-
berge-Vereinigung sein oder einen Internationalen Jugendherbergs-
Ausweis besitzen. Während der Hochsaison empfiehlt es sich, die
Unterkunft vorzubestellen. Mädchen und Jungen schlafen in getrennten Schlafsälen. Das Bettuch der Jugendherberge muß benutzt werden.

In der Schweiz gibt es mehr als 200 Jugendherbergen. Das ausführliche Verzeichnis ist beim Schweizerischen Bund für Jugendherbergen,
Hochhaus 9, Postfach 132, CH-8958 Spreitenbach; Tel. (056) 71 40 46,
erhältlich.

Studentenunterkünfte gibt es in den Universitätsstädten Zürich, Basel,
St. Gallen sowie in einigen Ferienorten. Erkundigen Sie sich beim
Schweizerischen Studentenreisedienst (SSR), Leonhardstraße 19, 8001
Zürich; Tel. (01) 242 30 00.

Hotels für Senioren: Inhaber eines Seniorenpasses oder eines anderen
Altersfahrausweises einer öffentlichen Eisenbahngesellschaft finden in

allen Regionen der Schweiz Hotels, die außerhalb gewisser Zeiten Preisreduktionen gewähren. Informationen erhalten Sie beim Schweizer Hotelier-Verein (Adresse siehe oben).

KARTEN und STADTPLÄNE. Ausgezeichnete Straßenkarten, Stadtpläne und Landkarten finden Sie in zahlreichen Buchhandlungen, speziellen Kartengeschäften und manchmal auch an Zeitungskiosken. Auch Automobilklubs können Sie mit gutem Kartenmaterial versehen. Wanderlustige Touristen besorgen sich am vorteilhaftesten die »Landeskarte der Schweiz«. Es gibt sie in vier Blättern im Maßstab 1:200 000. Für den Wanderer geeignet sind Ausgaben im Maßstab 1:50 000 oder 1:25 000. Achten Sie auf die Aufschrift »Eidgenössische Landestopographie, Wabern-Bern«. Viele Ferienorte bieten – manchmal gegen eine kleine Gebühr – eigene Wanderprospekte an. Oft sind es Auszüge aus der »Landeskarte« der entsprechenden Gegend, in denen Wanderrouten bezeichnet und in einem Begleittext beschrieben sind. (Siehe auch WANDERN.)

Die städtischen Fremdenverkehrsämter verteilen kostenlos Stadtpläne, von denen einige auch Hotelverzeichnisse und Hinweise auf Sehenswürdigkeiten enthalten.

Die Karten in diesem Führer sind von der Hallwag AG, Bern, angefertigt.

KLIMA und KLEIDUNG. Die Wetterverhältnisse und das Klima sind in der Schweiz genauso vielfältig wie die Landschaftsformen. Als große Wetterscheide wirken die Alpen. Nicht umsonst wird die Schweiz im Wetterbericht eingeteilt in »Alpennordseite, Wallis, Nord- und Mittelbünden« sowie »Alpensüdseite und Engadin«. Nicht selten regnet oder schneit es im Norden, während unter der südlichen Sonne milde Temperaturen herrschen. Dies kann sich aber umkehren, dann nämlich, wenn Föhn aufkommt. Dieser trockene warme Südwind hat alle Niederschläge auf der Alpensüdseite niedergehen lassen und braust nun vor allem durch nord-südlich verlaufende Alpentäler. Er ist aber auch in Luzern, Chur und Zürich deutlich spürbar. Viele Leute leiden dann unter Kopfschmerzen, Nervosität und Abgespanntheit. Der Föhn kann die Temperaturen bereits im März bis auf fast 20 °C steigen lassen, oft ist es in den Bergtälern dann wärmer als im tiefer gelegenen Flachland. Doch dies kann sich schnell ändern. Sobald der Föhn »zusammenbricht«, gibt es Regen, und damit verbunden ist meist auch ein empfindlicher Temperatursturz. Wetterbericht (und Lawinenbulletin) erfahren Sie über die Telefonnummer 162.

Seien Sie deshalb auf Kälte- und Wärmeeinbrüche gleichermaßen

K

vorbereitet. Ein warmer Pullover gehört auch im Sommer ins Gepäck, Regenmantel oder Schirm sind unerläßlich, und im Winter sind Sonnenbrille (und -schutzcreme) in Wintersportgebieten ein Muß. Auch Ihre Badesachen können Sie das ganze Jahr über mitbringen, denn jeder Ferienort verfügt über mindestens ein eigenes oder in der Nähe liegendes Hallenschwimmbad. Einige Tips für Ihre Wanderkleidung finden Sie unter dem Stichwort WANDERN.

KONSULATE und BOTSCHAFTEN. Die bundesdeutsche und die österreichische Botschaft befinden sich in Bern; in einigen anderen Schweizer Städten werden Konsulate unterhalten. Wenden Sie sich im Falle ernster Schwierigkeiten (Verlust des Reisepasses, schwerer Unfall) an das Konsulat, nicht aber die Botschaft Ihres Landes.

Konsulate der BRD: Steinenring 40, 4000 Basel; Tel. (061) 39 08 15. Sprechstunden: Montag bis Freitag 9–12 Uhr. Kirchgasse 48, 8001 Zürich; Tel. (01) 32 69 36. Sprechstunden: Montag bis Freitag 9–11.30 Uhr, Mittwoch 15–17 Uhr. Willadingweg 78 und 83, 3006 Bern; Tel. (031) 44 08 31. Sprechstunden: Montag bis Freitag 9–12 Uhr.

Österreichische Konsulate: Münchensteinerstraße 38, 4000 Basel; Tel. (061) 35 60 80. Sprechstunden: Montag bis Freitag 9–11.30 Uhr. Minervastraße 116, 8032 Zürich; Tel. (01) 34 81 11 und 34 72 00. Sprechstunden: Montag bis Freitag 9–12 Uhr. Kirchenfeldstr. 28, 3005 Bern; Tel. (031) 43 01 11. Sprechstunden: Montag bis Freitag 9–12 Uhr. Schreinerstraße 1, 9000 St. Gallen; Tel. (071) 22 33 66. Sprechstunden: Montag bis Freitag 9.30–12.30 Uhr. Hirschengraben 13, 6003 Luzern; Tel. (041) 23 41 82. Sprechstunden: Montag bis Freitag 10–12 und 14–15 Uhr.

KREDITKARTEN und REISESCHECKS. Siehe auch BANKEN.

Kreditkarten: Nicht nur in Banken, sondern auch in zahlreichen Hotels, Geschäften, Boutiquen und Autovermietungen wird man Ihre Kreditkarte akzeptieren. Auf dem Land sollten Sie jedoch außerhalb der touristisch erschlossenen Orte und in kleinen Geschäften immer Bargeld mitführen. Unternehmen, die Kreditkarten annehmen, machen dies durch die entsprechenden Schildchen im Fenster kenntlich.

Reiseschecks (in der Schweiz auch Traveller Cheques genannt): Sie werden im klassischen Reiseland Schweiz fast überall eingelöst. Vergessen Sie nicht, immer Ihren Paß mitzuführen. Es empfiehlt sich, Reiseschecks in Banken oder Wechselstuben einzulösen, da Ihnen hier ein besserer Wechselkurs als in Hotels, Restaurants oder Geschäften garantiert wird.

Euroschecks: Sie werden neuerdings auch in der Schweiz (anstelle der bisherigen Swiss Cheques) abgegeben und fast überall entgegengenommen. Inhaber der Euroscheck-(ec)-Karte dürfen Schecks bis zu einer Höhe von 300 DM oder Schweizer Franken oder 2500 ÖS ausstellen.

NOTFÄLLE. In einer ernsten Notlage – und wirklich nur dann – können Sie die Polizei in der ganzen Schweiz unter der Notrufnummer 17 oder 117 erreichen. Im Bedarfsfall wird man Ihnen auch einen Krankenwagen besorgen. Wenn Sie außerhalb der normalen Geschäftszeiten einen Arzt benötigen, erfahren Sie über den *Ärztlichen Notfalldienst* die Nummer des jeweils diensttuenden Notarztes. Der Ärztliche Notfalldienst, dessen Telefonnummer Sie in jedem Telefonbuch, manchmal auch in den Tageszeitungen erfahren, gibt auch Auskunft über Öffnungszeiten und Adressen von Apotheken, insbesondere der jeweiligen Nachtapotheken.

Falls Sie vorhaben, Bergwanderungen zu unternehmen, sollten Sie nicht vergessen, eine kleine Notapotheke mitzubringen. Sie sollte eine elastische Binde, Heftpflaster, Wundpuder und eine Muskelsalbe enthalten.

Bei Geld- oder Paßverlust wenden Sie sich an das Konsulat Ihres Heimatlandes (Adressen siehe Konsulate). Sollten Ihnen die Reiseschecks abhanden kommen, benachrichtigen Sie sofort die nächste Bank, die Ihnen den Verlust bis zu einem gewissen Betrag ersetzen wird. Sie müssen jedoch die Schecknummern genau angeben können.

Weitere nützliche Telefonnummern finden Sie auf den blauen Seiten des Telefonbuches. Die Feuerwehr hat die Nummer 18 oder 118. Siehe auch Ärztliche Hilfe, Polizei.

ÖFFENTLICHE VERKEHRSMITTEL (Bus; Tram). Siehe auch Bergbahnen, Eisenbahn, Postautobusse und Schiffsverkehr. Autobus oder Straßenbahn in den Schweizer Städten sind nicht allzu teuer und die Netze sind so gut ausgebaut, daß Ihnen manche Fahrt im Taxi erspart bleibt. Einige Strecken führen an den wichtigsten Sehenswürdigkeiten vorbei und bieten somit eine Art von Stadtrundfahrt (siehe unten: Tageskarte).

In den meisten Städten müssen Sie Ihre Fahrkarte vor Antritt der Fahrt am Automaten lösen, der an praktisch jeder Haltestelle steht. Im allgemeinen sind hier Einzelfahrscheine erhältlich, an manchen größeren Haltestellen auch sogenannte Streifenkarten oder Abonnemente mit Abschnitten für mehrere Fahrten, die vor Antritt der jeweiligen Fahrt, ebenfalls am Automaten, entwertet werden müssen.

O   Haben Sie einmal kein Kleingeld zur Hand oder keine Zeit mehr, einen Fahrschein zu lösen, sagen Sie dies dem Fahrer. Wer bei einer Kontrolle ohne Fahrschein erwischt wird, zahlt eine Buße.

Tageskarte: Mit einer Tageskarte können sie alle öffentlichen Verkehrsmittel einer Stadt 24 Stunden lang beliebig benutzen. Sie ist bei den offiziellen Verkaufsstellen der Verkehrsbetriebe (oft sind es Schreibwarenhandlungen oder Zeitungsstände), sicher an Bahnhöfen, aber auch an größeren Haltestellen erhältlich.

P   **POLIZEI.** Siehe auch AUTOFAHREN, NOTFÄLLE. Es gibt keine eidgenössische oder Bundespolizei. Die Verantwortung für Gesetz und Ordnung obliegt den einzelnen Kantonen. Die Polizisten sind, trotz ihrer unterschiedlichen Uniformen, an Schirmmütze und umgehängter Waffentasche leicht erkenntlich.

Die Notrufnummer der Polizei lautet 17, in manchen Gegenden, z. B. in und um Zürich, 117.

POSTAMT. Siehe auch TELEFON. In der Schweiz werden Sie auch im kleinsten Ort keine Mühe haben, ein Postamt zu finden. Schließlich leistete die Schweiz im Postwesen Pionierdienste, und längst werden auch abgelegenste Bergtäler rasch und regelmäßig bedient (siehe auch POSTAUTOBUSSE).

Postämter erkennen Sie an den Buchstaben PTT (Post, Telegraf, Telefon) unter dem Signet der Schweizer Flagge (weißes Kreuz auf rotem Grund). Sie können in jedem Postamt telefonieren, Telegramme und Post (Briefe und Pakete) – auch ins Ausland – aufgeben. Postämter sind im allgemeinen montags bis freitags von 7.30 bis 12 Uhr und von 13.30 bis 18.30 Uhr sowie an Samstagen von 7.30 bis 11 Uhr geöffnet. Wichtige Postgeschäfte können Sie außerhalb der allgemeinen Öffnungszeiten der Postämter gegen eine erhöhte Gebühr am Dringlichkeitsschalter erledigen. Dringlichkeitsschalter sind in den meisten Städten im Hauptpostamt untergebracht.

Briefmarken sind am Schalter, an Automaten vor dem Postamt und häufig auch in Hotels oder Andenkenläden erhältlich.

Telegramme können Sie in jedem Postamt, aber auch über die Telefonnummer 10, in manchen Gegenden, z. B. Zürich, 110, aufgeben.

Postsparbuch: Inhaber eines Postsparbuchs in der Bundesrepublik Deutschland sind berechtigt, bei den Schweizer Postämtern 100 DM oder ein Mehrfaches davon, max. 1000 DM, abzuheben. Die Auszahlung wird nur an Inhaber oder Zeichnungsberechtigte vorgenommen, die sich mit Paß/Personalausweis, Ausweiskarte und Postsparbuch ausweisen müssen.

118

Postlagernd: Wenn Sie Ihre Post nachschicken lassen wollen, jedoch keine Adresse angeben können, lassen Sie sie postlagernd auf das Hauptpostamt einer Schweizer Stadt Ihrer Wahl schicken. Die Adresse lautet in diesem Fall z. B. für Zürich: Frau Erna Schmitt, Postlagernd Hauptpost, 8004 Zürich.

Postlagernde Sendungen können zu den allgemeinen Öffnungszeiten abgeholt werden. Vergessen Sie nicht, Ihren Paß oder Personalausweis mitzubringen.

POSTAUTOBUSSE. Die gelben Postautobusse, die sich mit dem bekannten Dreiklang aus der Ouvertüre von *Wilhelm Tell* ankündigen, erschließen auch die abgelegensten Bergdörfer für den Besucher. Sie sind aber nicht nur als Transportmittel, sondern auch als Ausflugsbusse beliebt, befahren sie doch die schönsten Alpenstrecken und Paßstraßen. Erkundigen Sie sich in den Auskunftsbüros der Schweizerischen Bundesbahnen nach den Fahrzeiten oder stellen Sie Ihre Ausflüge anhand des Amtlichen Kursbuches zusammen. Wichtig: Für Bergpoststrecken müssen Sie Plätze im Postautobus vorbestellen. Anmeldungen nimmt jede Poststelle entgegen.

Von Zürich und Genf aus werden 3-, 4- und 7tägige organisierte Ausflüge durchgeführt, die mehrere Paßfahrten einschließen. Die Beförderung mit Postautobussen ist in den Rundfahrtbilletten und anderen vergünstigten Fahrkarten (siehe EISENBAHN) eingeschlossen.

PREISE. Die Schweiz ist verglichen mit anderen Reisezielen sicher kein billiges Urlaubsland, doch haben sich die früher eklatanten Preisunterschiede etwa im Vergleich zu Österreich weitgehend ausgeglichen. Die Preise, vor allem die Hotelpreise, sind seit einigen Jahren praktisch gleichgeblieben.

Preisnachlässe sind in den Geschäften nicht üblich. Bei höheren Rechnungsbeträgen wird gelegentlich ein Barzahlungsrabatt von 2% gewährt (bei Elektrogeräten, Uhren usw., nie bei Kleidungsstücken).

Die Preise der üblichen Konsumgüter sind im ganzen Land im allgemeinen ungefähr gleich hoch. Ausnahmen bilden die beiden Städte Zürich und Genf. Deutlich niedriger liegen die Preise im Sektor Hotel und Gastgewerbe in ländlichen Gebieten, die nicht zu den großen Touristenzentren gehören. (Siehe auch S. 103.)

RADIO und FERNSEHEN. Deutsche und österreichische Rundfunkprogramme sind in der ganzen Schweiz verhältnismäßig gut zu empfangen. Daneben enthalten auch die beiden Programme des »Radios der deutschen und rätoromanischen Schweiz« (DRS) viele Sen-

R dungen in hochdeutscher Sprache. Nachrichten werden zu fast jeder vollen Stunde, besonders ausführliche um 12.30 Uhr, mit Kommentaren zum Tagesgeschehen um 18 und 19 Uhr, ausgestrahlt.

Das Angebot an Fernsehprogrammen ist groß. An den meisten Orten der Schweiz können Sie folgende Fernsehprogramme empfangen: Deutschschweiz, ARD, ZDF, Südwest 3, Österreich 1 und 2; dazu kommen die Sendungen des Fernsehens der französischen und italienischen Schweiz.

REISESCHECKS siehe **KREDITKARTEN**

REKLAMATIONEN. Klagen und Beschwerden werden in einem Land, in dem der Fremdenverkehr einer der größten Wirtschaftszweige ist, sehr ernst genommen. Hotels, Restaurants und Geschäfte sind sehr auf ihren guten Ruf bedacht, und man wird sich Mühe geben, Sie zufriedenzustellen. Sollten Sie sich mit der Geschäftsleitung wirklich einmal nicht einigen können, wenden Sie sich an das örtliche Fremdenverkehrsamt.

Fast alle Warenhäuser unterhalten einen Kundendienst, der Reklamationen der Kunden entgegennimmt. Schlechte Ware wird auf jeden Fall ausgetauscht, manchmal erhalten Sie auch Ihr Geld zurück.

Der Stiftung Konsumentenschutz, Schloßstraße 137, 3008 Bern; Tel. (031) 25 75 42, sowie dem Konsumentinnenforum, Zentralsekretariat, Rämistraße 39, 8006 Zürich; Tel. (01) 325770, können Sie Beanstandungen ernster Art vortragen. Die beiden Organisationen geben auch Auskunft über Rechte des Käufers bzw. Pflichten des Verkäufers.

S **SCHIFFSVERKEHR.** Eine Schiff- oder Bootsfahrt auf einem der zahlreichen Schweizer Seen sollten Sie sich nicht entgehen lassen. Regen Linienverkehr, aber auch Rundreisen und Ausflüge gibt es auf dem Boden-, Zürich-, Zuger-, Vierwaldstätter-, Walen-, Thuner-, Brienzer- und Bielersee. In den Orten an diesen, wie an den vielen kleineren Seen, können Sie auch kleine Ruder- oder Tretboote (Pedalos) sowie Segelboote mieten.

Fahrkarten für die Linienschiffe erhalten Sie an der Anlegestelle (Schifflände), am Bahnhof und manchmal auch auf dem Schiff. Auch Flußfahrten, etwa auf dem Rhein oder der Aare, sind zu empfehlen.

SCHWEIZER FERIENKARTE. Zu den Spezialangeboten der Schweizerischen Bundesbahnen (SBB) und anderen Beförderungsbetrieben gehört die Schweizer Ferienkarte. Damit können Sie in der ganzen Schweiz beliebig mit Bahn, Schiff und Postautobussen (siehe auch entsprechende Stichworte) umherreisen. Genau sind dies das gesamte Netz der SBB, 79 Privatbahnen, 9 Schiffahrtsgesellschaften und 120 Postautokurse. Für viele weitere Strecken erhalten Sie einen Preisnachlaß von 20–25%. Kinder zwischen 6 und 16 Jahren zahlen die Hälfte. Die Schweizer Ferienkarte ist in Reisebüros, Niederlassungen der Schweizer Verkehrszentrale im Ausland (Adressen siehe FREMDENVERKEHRSÄMTER) und in der Schweiz sowie an größeren Bahnhöfen erhältlich. Eine Schweizer Ferienkarte kann nur bekommen, wer mit Paß oder Personalausweis belegen kann, daß er einen ständigen Wohnsitz außerhalb der Schweiz und des Fürstentums Liechtenstein hat. (Siehe auch S. 103.)

SKIVERMIETUNG. Wer gern eine »Schnupperlehre« auf Skiern macht, bevor er sich eine teure Skiausrüstung kauft, kann in allen Wintersportorten Langlauf- oder Abfahrtsski, Skistiefel und -stöcke mieten. Qualität und Zustand der vermieteten Ausrüstungen sind in den meisten Fällen sehr gut. Manchmal wird dem Kunden zusammen mit der Quittung auch gleich eine Broschüre in die Hand gedrückt, die Verhaltensregeln und Vorschriften für Skipiste und Langlaufloipe enthält.

SPRACHE. In der Schweiz sind vier Sprachen als offizielle Landessprachen anerkannt: Deutsch, das von 65%, Französisch, das von 18%, Italienisch, das von 12% und Rätoromanisch, das von 1% der Bevölkerung gesprochen wird. Die französische Sprache ist in der Schweiz auf den Westen des Landes, die italienische auf den Kanton Tessin und Teile des Kantons Graubünden, die rätoromanische auf weite Teile des Kantons Graubünden beschränkt.

Ein einheitlich klingendes Schweizerdeutsch oder »Schwyzerdütsch« gibt es nicht. Die Dialekte sind oft nicht nur von Kanton zu Kanton, sondern sogar von Talschaft zu Talschaft verschieden. Geschrieben wird außer in der Mundartliteratur, die »Schwyzerdütsch« bewußt als Ausdrucksart wählt (z. B. Kurt Marti), nur in dem sogenannten Schriftsprache, Hochdeutsch mit stark schweizerischem Einfluß. Dennoch bleibt gesprochenes Hochdeutsch für Schweizer mehr oder weniger eine Fremdsprache (siehe auch UMGANGSFORMEN).

STADTPLÄNE siehe **KARTEN**

STADTRUNDFAHRTEN siehe **FREMDENFÜHRUNGEN**

STRASSENBAHNEN siehe **ÖFFENTLICHE VERKEHRSMITTEL** 121

S STROMSPANNUNG. In der ganzen Schweiz ist Wechselstrom von 220 V üblich. Sie werden also mit Rasierapparat oder anderen Elektrogeräten keine Schwierigkeiten haben. Möglicherweise müssen Sie sich einen Zwischenstecker besorgen, da deutsche Schukostecker manchmal nicht auf Schweizer Steckdosen passen.

T TAXI. Die Fahrpreise sind von Ort zu Ort verschieden, in den Städten höher als in kleineren Orten (siehe S. 103). In manchen Gemeinden, vor allem auf dem Land, wird ein Nachtzuschlag erhoben. Normales Reisegepäck wird nicht verrechnet, der Taxifahrer darf jedoch einen kleinen Zuschlag verlangen, falls er die Gepäckstücke z. B. zum Hotelempfang tragen muß.

Alle Taxis sind mit Zähluhren ausgestattet; im übrigen weist ein Schildchen darauf hin, ob das Trinkgeld im Fahrpreis bereits eingeschlossen ist. Falls nicht, beträgt es 12–15%.

Im allgemeinen ist es nicht üblich, ein Taxi auf der Straße anzuhalten, obwohl es Ihnen niemand verwehren wird. Bessere Chancen, schneller an Ihr Ziel zu kommen, haben Sie, wenn Sie zu einem der zahlreichen Taxistände gehen oder ein Taxi per Telefon bestellen. Die Telefonnummern finden Sie im Branchenverzeichnis (siehe TELEFON) unter dem Stichwort »Taxis«.

TELEFON. Siehe auch POSTAMT. Das Telefonnetz der Schweiz ist eines der dichtesten und zuverläßigsten der Welt. Zahlreiche Länder inner- und außerhalb Europas können direkt angewählt werden (Vorwahl für die BRD: 0049; für Österreich: 0043), dies, falls Sie genügend Kleingeld bereithalten, sogar von den grauen Telefonzellen aus. Die Benutzung der Apparate in öffentlichen Telefonzellen wird genau erklärt. Werfen Sie lieber mehr Geld als nötig ist ein, da das Gespräch ohne Warnung unterbrochen wird. Nicht gebrauchte Münzen werden zurückerstattet. Es gibt für die ganze Schweiz 18 Telefonbücher, und nicht immer sind in den Telefonzellen alle vorhanden. Auskunft über Telefonnummern und Gesprächstaxen in der Schweiz erteilt die Nummer 11 oder 111. Jedes Telefonbuch enthält Nummern der Notrufe und Informationsdienste auf den ersten Seiten.

»Das Grüne Buch«, auf das im vorliegenden Führer Bezug genommen wird, enthält als Ergänzung zu den normalen Telefonbüchern die Telefonnummern nach Firmengruppen (Branchen) geordnet.

Notrufnummern: Polizei 17 oder 117; Feuerwehr 18 oder 118.

TRINKGELD. In Hotels und Restaurants ist das Bedienungsgeld im Rechnungsbetrag eingeschlossen, und es ist nicht üblich, ein zusätzli-

ches Trinkgeld zu geben. 10–15% Trinkgeld erhalten nur noch Taxifahrer und Friseure – falls diese nicht auch schon zu »Bedienung inbegriffen« übergegangen sind.

UMGANGSFORMEN. So reserviert und nüchtern-sachlich, wie die
deutschsprachigen Schweizer auf den ersten Blick erscheinen, sind sie
nicht. Zwar ergreifen sie die Initiative für ein Gespräch mit Fremden
eher selten; ist das Eis aber einmal gebrochen, sind sie freundlich,
interessiert und hilfsbereit. Was den Kontakt vor allem mit ihren
nördlichen Nachbarn oft erschwert, ist der Sprachunterschied (siehe
auch SPRACHE). Hochdeutsch zu sprechen, bedeutet für den Schweizer,
sich mehr oder weniger in einer Fremdsprache zu unterhalten. Das geht
oft nur langsam und stockend, und es bekräftigt die Annahme der
deutschsprachigen Ausländer, die Schweizer seien langsam und
schwerfällig. Umgekehrt macht sich der Schweizer oft über die deutsche »Zack-zack-Mentalität« lustig: Zwar möchte er sich auch gewandt
unterhalten, doch das preußisch-militärische Selbstverständnis vieler
Deutschen lehnt er ab. Besonders Urlauber aus Gegenden nördlich der
Main-Linie sollten sich deshalb bemühen, langsam zu sprechen, keine
ironisch-betuliche Freundlichkeit an den Tag zu legen und mit raschen
Urteilen sich zurückzuhalten. Schimpfen Sie also nicht gleich über die
(möglicherweise) bedächtige Bedienung im einfachen Landgasthof,
und seien Sie dankbar, daß die Schweizer sich in Ihrer Sprache zu
verständigen suchen. Sprächen sie nämlich in ihrer Muttersprache,
würden Sie sie gar nicht verstehen…

Schweizerdeutsche Gruß- und Abschiedsformeln sind mannigfaltig
und verraten die Offenheit, Elemente aus fremden Sprachen bereitwil-
lig zu übernehmen: Eine (oder mehrere) Personen werden mit »Grüezi
(mitenand)« begrüßt, Duzfreunde sagen »Salü (mitenand)« (von französisch »saluer« = begrüßen). Beim Abschied hört man »Ade« oder
»Adieu (mitenand)«, auch »Uf Widerluege« (Auf Wiedersehen), unter
Duzfreunden »Tschüß« oder »Tschau« (von italienisch »Ciao«).

UNTERKUNFT siehe **HOTELS**

WANDERN. Siehe auch EISENBAHN, KARTEN und NOTFÄLLE. Die
Schweiz ist ein ideales Wanderland, und die sonntägliche Wanderung
ist daher auch eine der Lieblingsbeschäftigungen der Schweizer Familie. 45 000 km markierte Wanderwege laden zu Spaziergängen, Wanderungen und Bergtouren ein. Sie werden von örtlichen Wandervereinen
instand gehalten. Wandertafeln in den einzelnen Orten (meist am

W Bahnhof) geben Auskunft über verschiedene Möglichkeiten, und auf den gelben Wanderwegweisern sind Ziel- und Zwischenorte sowie die durchschnittliche Wanderzeit angegeben. Bergwanderungen sind zusätzlich durch rot-weiß-rote Markierungen bezeichnet.

Unerläßlich für eine Wanderung in den Bergen ist eine gute Ausrüstung. Dazu gehören feste Wanderstiefel, Sonnen- und Regenschutz (das Wetter kann unvermittelt ändern), ein warmer Pullover und eine Notfallapotheke.

Vor längeren Bergwanderungen sollten Sie an Ihrem Ausgangsort eine Nachricht mit Zielangabe hinterlassen. Denken Sie daran, daß zahlreiche Alpenpflanzen unter Naturschutz stehen und nicht gepflückt werden dürfen.

Der *reka*-Wanderpaß ist eine preisgünstige Gelegenheit, vier Wanderregionen der Schweiz kennenzulernen. In den Preisen eingeschlossen sind Unterkunft und Frühstück in Gasthöfen der betreffenden Gegend sowie die Benutzung aller öffentlichen Transportmittel. Erkundigen Sie sich bei der Schweizer Reisekasse, Neuengasse 15, 3001 Bern; Tel. (031) 226633 oder bei den Auskunftsstellen der SBB.

WÄSCHEREI und REINIGUNG. In der Schweiz gibt es zahlreiche Wäschereien, die gut und rasch arbeiten. Einige wenige Wäschereien besitzen keine Bügeleinrichtungen und werden Sie an eine »Glätterei« verweisen. Adressen finden Sie in »Das Grüne Buch« (siehe TELEFON) unter den Einträgen »Wäschereien« und »Büglereien«.

Waschsalons, in denen Sie Ihre Wäsche im Automaten selber waschen und trocknen können, sind selten. Reinigungen (Trockenreinigung, chemische Reinigung) sind genügend vorhanden. (Siehe auch S. 103.)

WASSER. Das Leitungswasser dürfen Sie auch in den großen Städten ohne Bedenken trinken. Natürlich schmeckt es nicht so köstlich wie das erfrischend kühle Quellwasser in den Bergen. Die Schweizer sind stolz darauf, daß ihr Brunnenwasser ebenfalls Trinkwasser ist. Die wenigen Ausnahmen werden durch das Schild »Kein Trinkwasser« gekennzeichnet.

Z **ZEITUNGEN und ZEITSCHRIFTEN.** Manche Ferienorte mit hauptsächlich deutschen Gästen halten, neben den bekannten überregionalen Zeitungen, auch kleinere Blätter zum Verkauf bereit. Wer aber auf

sein Leib- und Magenblatt eine Zeitlang verzichten kann oder muß, ist

mit den deutschschweizerischen Tages- und Wochenzeitungen ebenfalls gut bedient; dort finden Sie auch die nötigen Angaben über
Veranstaltungen aller Art. Veranstaltungskalender mit dem Titel
»Diese Woche in…« sind ebenfalls in mehreren Städten an Zeitungs-
ständen (oder im Fremdenverkehrsamt) erhältlich.

ZIGARETTEN, ZIGARREN, TABAK. In den Kantonen Tessin und
Waadt (Westschweiz) wird ein ziemlich starker Tabak angebaut, aus
dem verschiedene, nur in der Schweiz verkaufte Zigarettenmarken
hergestellt werden. Daneben sind jedoch auch zahlreiche ausländische,
insbesondere auch deutsche Zigaretten, Zigarren und Pfeifentabak-
sorten erhältlich.

Allerdings: Die goldenen Zeiten für Raucher sind vorbei. Während
Rauchen in öffentlichen Verkehrsmitteln und Kinos schon seit längerer
Zeit verboten ist, beginnen jetzt auch Restaurants und Cafés, größere
Teile ihrer Gästeräume Nichtrauchern vorzubehalten. Es gilt als äu-
ßerst unhöflich, mit Rauchen zu beginnen (vor allem, wenn jemand am
gleichen Tisch noch nicht zu Ende gegessen hat), ohne vorher um
»Erlaubnis« zu fragen.

ZOLL. Siehe auch AUTOFAHREN und HAUSTIERE. Für Besucher aus der
Bundesrepublik Deutschland und Österreich genügt zur Einreise ein
gültiger Personalausweis.

Folgende Mengen dürfen Sie zollfrei einführen:

nach:	Zigaretten		Zigarren		Tabak	Spirituosen		Wein
Schweiz	200	oder	50	oder	250 g	1	und	2
BRD	200 (300)	oder	50 (75)	oder	250 g (400 g)	1 (1½)	und	2 (3)
Österreich	200	oder	50	oder	250 g	1	und	2

(Die Zahlen in Klammern gelten für aus einem EWG-Land ein-
reisende Personen und für Waren, die nicht »zollfrei« gekauft
wurden.)

Register

Ein Sternchen (*) neben einer Seitenzahl verweist auf eine Karte.

REGISTER